DIARIO DE PINTURA

EDITORIAL CÁNTICO
COLECCIÓN EL ÁRBOL DEL SILENCIO
DIRIGIDA POR RAÚL ALONSO

cantico.es · @canticoed

Editorial Cántico
Parque Logístico de Córdoba
Carretera de Palma del Río, km. 4
14005 Córdoba
1ª ed. diciembre de 2021
2ª ed. marzo de 2024

ISBN: 978-84-19387-78-3
Depósito legal: CO 241-2024

MIGUEL GÓMEZ LOSADA

DIARIO DE PINTURA

EDITORIAL CÁNTICO
COLECCIÓN EL ÁRBOL DEL SILENCIO

A mis padres, Marcial y Rosa.

A Raúl Alonso, que me propuso publicar este diario.

PRÓLOGO

Escribo sin intención literaria, esto me quita un peso de encima. Ni siquiera escribo para un público porque se me da mal ser consciente de un público. Nunca supe quién mira mi pintura, y menos quién leerá este diario. Lo escribí en los bares, en el bloc de notas del móvil sin saber si algún día se publicaría.

Este libro no es un manual, son pensamientos después de pintar. He procurado no explicar los cuadros para no restarles contemplación. Las palabras dirigen la mirada e interrumpen el embelesamiento.

Al principio de mi carrera me preocupaba saber qué pintar, pero sobre todo cómo hacerlo. Todas las maneras de cubrir el lienzo me parecían fascinantes, las repeticiones de la pincelada tenían algo adictivo: el avance del contorno. Por ahí me prolongaba. Años después comprendí que esa ganancia era un nuevo terreno para la vida. Había que escribir sobre esto, de ese roce con la nada.

HABLANDO CONMIGO

— ¿El cuadro está acabado?

— Sí. Dejo la imagen incompleta para que la acabe su reverberación. En música se diría: Deja la nota sonar.

— Alargas la visión.

—Eso quiero. Todas las formas tienen su respiración. Si consigo pintar ese halo podría llevarme la imagen del tiempo chico al tiempo grande.

— ¿Qué es el tiempo chico?

—La actualidad, lo que se olvida.

— ¿Y el grande?

—Lo que permanece.

—¿Qué cosas permanecen?

—Solo el amor permanece.

—Pintas el amor, anhelas lo infinito.

—Sí, los sentimientos más profundos y el paisaje ilimitado se comunican. La ensoñación romántica necesita distancia, por eso prefiero lo que está allí. Soy propenso a la contemplación, al recuerdo, a la vista perdida. Me abstraigo para pensar en el punto más lejano del mundo. Me interesa todo lo sobrenatural.

—No es casualidad que las religiones del mundo hayan nacido en los desiertos, junto a las grandes montañas y en los grandes ríos.

—Desde luego, el espíritu se crece delante del paisaje máximo.

—¿Practicas alguna religión?

—Soy creyente, creo en todos los dioses, en el Dios cristiano de mi infancia, en las mitologías ancestrales como la de los indios americanos, relacionadas con la naturaleza. Creo en otras formas de vida, en lo desconocido. Ahora bien, no practico ninguna religión excepto pintar. Me he pasado la vida intentando no pertenecer a nada, aunque con 15 años entré de costalero en la Hermandad del Cister, Córdoba. Buscaba la fe. Lo dejé a los dos meses. Me alejo de cualquier organización, sobre todo las que ponen en contacto a Dios con los hombres. Se me da mejor hacer ejercicios espirituales a solas, inventar liturgias. Puede ser la mirada continental de mi gato o una nube aislada cuando tiendo en la azotea. Las pinzas, el alambre, el sol en la cara, el viento en la ropa, el azul de los días de otoño. Eso es Dios.

—Invocas por libre, como si no te hubiera rozado la civilización.

—Ojalá.

—Volviendo a tus cuadros, me queda claro que no están abocetados.

—Detesto ese lucimiento.

—¿Qué otras líneas rojas tienes?

—Pues mira, no me gustan los pintores que presumen de rapidez en la ejecución. Detesto el brochazo enérgico, ese aspaviento. No quiero que el modo de vida urbano me marque los *beats*. También, no quiero ser redicho, evito la charlatanería pictórica, presumir de paleta, las acrobacias y cualquier tipo de demagogia que abarate la imagen. Si pintas para el aplauso corres el riesgo de acabar haciendo cabriolas. Quiero pintar de manera esencial. Soy parco. Es en la fotografía donde todo se captura, hasta el aire, no quedando un centímetro libre de imagen. En la pintura existe la nada, puedes dejar de rellenar. Cuando en el cuadro sea verosímil el sentimiento que inspiró la obra hay que soltar el pincel.

Más cosas, si pinto arquitectura no quiero que tenga hechuras de hoy, igual con los ropajes y los objetos. Me gustan las cosas que tienen una épica, y si no la tienen se la pongo. Quizá esto venga de mi padre, que narraba sus vivencias magnificando. De esta forma las vidas son importantes.

Pinto en pasado y pinto la esperanza. Los dos modos se juntan en lo remoto, que es una categoría espiritual.

—Podemos cerrar esta conversación con la palabra orar: «Ponerse [una persona] mental y anímicamente ante la presencia de Dios, de una divinidad, para dar gracias o invocar, o simplemente en actitud contemplativa».

—Como te comentaba al principio, todo puede ser un rezo. De hecho, quisiera que el cuadro fuese un objeto litúrgico, que me acerque a lo divino mediante el embelesamiento. Si en las primeras sesiones de trabajo no he logrado alguna cota de amor, si no siento esa romanza, borro y empiezo de nuevo.

20/2/2021

◆ ◆ ◆

45

Con cuarenta y cinco años y cuatro hijos en el mundo mi padre dejó su trabajo para dedicarse a la pintura. Mi madre le animó diciendo: «No te preocupes Marcial, si nos tenemos que apretar el cinturón, nos lo apretamos».

◆ ◆ ◆

TROPIEZO LUEGO PINTO

Es difícil verbalizar qué gusta de un cuadro, qué tiene la pintura que no tenga la fotografía. La virtud de la pintura es el defecto, los descuidos conscientes que no aportan nada a la escena pero que la distinguen. La pintura empieza cuando desobedece al tema, allí donde es obligado atender al toque, al hecho a mano. Es cuando el pulso propio revela nuestro vibrato caprichoso, el fallo bonito y esa gracia en el andar. Es la torpeza lo que diferencia a un artista de otro, y cuanto antes el pintor se enorgullezca de sus andares por el soporte, de su forma de cubrir, antes nos dará para la vista el estilo. Si tropiezas poco la pintura no alcanza su virtud, y si te pasas queda universitaria. El arte de la pintura estaría en averiguar cuánto error admite la imagen, con cuántos tropiezos se puede caminar.

2/4/2016

◆ ◆ ◆

LA MANO TONTA

Para pintar bien hay que fingir pintar mal, mover el pincel poniendo la mano tonta y confiar a lo que salga, procurando que este modo no se convierta en un nuevo virtuosismo.

9/10/2017

◆ ◆ ◆

LA ZURRAPA

En el cuadro no todas las partes tienen que hablar. A veces hay que callarle el color a una zona. ¿Y cómo se pinta el no-color? No se trataría de usar el gris o de reservar el blanco del lienzo, sino de mojar el pincel en la zurrapa, que es la parte más sucia de la paleta.

Para que los colores hablen confidencialmente hay que echarles un poco de zurrapa. Y todavía más, lo extremo: pintar solo con la zurrapa. Los niños recurren a la zurrapa con la plastilina, hacen una bola con todas las barritas cuando los colores se descontrolan, logrando su silencio. Eso es la zurrapa.

16/6/2021

◆ ◆ ◆

MARCIAL GÓMEZ

Mi padre me decía, «asegúrate de estar satisfecho con el cuadro antes de sacarlo del estudio, un cuadro bueno no se olvida, y un cuadro malo tampoco».

23/12/2014

◆ ◆ ◆

EL ASOMBRO BASTA

Es normal que al principio el pintor se preocupe por ubicar su trabajo en el momento que le ha tocado en suerte, hasta que se da cuenta que este proceso se hace solo, ser contemporáneo es trabajar. Después, el movimiento debe ser bajarse de la modernidad, que es un consenso, un tipo de academia y una homologación, y aventurarse en soledad a expresar la voz propia que todo ser humano tiene. Así, la motivación del pintor podría resumirse en: Imagina el tiempo grande, respira hondo pues la travesía será larga. Haz caso del asombro, es garante de novedad. Pinta seguido, encuentra el gozo.

4/10/2018

◆ ◆ ◆

ESQUÍ FUERA DE PISTA

Para entender de pintura hay que evitar compararla con la fotografía, y sí con la literatura, el arte de escribir. La fotografía es para la pintura una inspiración, pero son de naturalezas diferentes. La imagen pictórica se crea sobre la marcha, se pinta corrigiendo, no se sabe si va bien hasta que se ve. Cuando se entiende esto reaparecen todos los cuadros que creíamos conocer. Se pinta corriente abajo sumando la confianza en la destreza con la esperanza de lograr la obra. Para pintar bien hay que tener fe en el acierto, fe para moverse, fe para descubrir y saber parar una vez sentida la entidad del tramo. Como el esquí libre o esquí fuera de pista. Artes escénicas en la montaña donde la huella de los esquíes permite ver cómo se hizo la bajada. Si en este fino juego de deslizamientos hay que incorporarle cosas al guion, se le incorporan, y si a mitad de cuadro hubiera que renunciar a la idea primera, se renuncia. Por eso en pintura es inútil predecir. No tiene sentido un proyecto concienzudo, debiéndose sustituir la palabra proyecto por intención de la obra, o propósito. Así, la improvisación, el capricho y el instinto animal deberían tener el máximo prestigio. Ahí reside la intelectualidad de la pintura, en el cortejo entre el pintor que da y el soporte que recibe, logrando la mejor caricia para darle al espíritu del que mira «su avivar».

18 /12/2018

◆ ◆ ◆

¿POR QUÉ PINTAS?

Para llegar a los *sentimientos profundos*. Ya no me preocupa cómo pinto sino el alcance de lo que puedo sentir.

El orden es el siguiente:

1- Elegir el estado anímico, meterse ahí.

2- Pintar sintiendo, como un cantante de soul.

27/12/2023

◆ ◆ ◆

¿QUÉ QUIERES SENTIR?

Bondad y belleza. Este es el camino para experimentar la verdadera naturaleza del mundo. Este amor original aguarda en lo remoto. Entrenando esta superlejanía es posible presentir a Dios, vislumbrar la eternidad.

27/12/2023

◆ ◆ ◆

EL CRITERIO

Para saber si una pintura es buena la observo como el registro de una danza, preguntándome si los movimientos del artista tuvieron «la gracia» (porque se pinta con el cuerpo). Dicho de otra manera, ¿me gustan sus andares? ¿se mueve bien? A base de dar respuestas se elabora un canon, los gustos.

25/3/2018

◆ ◆ ◆

PINTOR GATO

La travesura es una actitud que me lleva al contorno de quien soy. Ahí está lo que no he visto, la pintura nueva.

2/5/2016

◆ ◆ ◆

HOCICO

Lo más educativo de este año ha sido observar a Jimmy y a Chica, los infinitos registros de su lenguaje, siempre de verdad, es decir, concordancia entre lo que sienten y lo que expresan. Y pienso en dos cosas. Una, incluir en el sistema docente español una asignatura que se llamase Lenguaje Animal, con una clara aspiración ética que desprestigie la trampa y la mentira en los seres humanos, que nos enseñe a cumplir la palabra dada. Dos, apostar por un arte salvaje conectado a las grandes extensiones de la Creación: el cielo y los océanos, el desierto, los valles, las altas montañas; que tratase por ejemplo sobre el camuflaje del yak en la nieve; sobre la combinación perfecta entre la gaviota y la corriente cálida que la eleva; o sobre la mímica de las hormigas. Volver la mirada a las cunas de la espiritualidad con el deber moral de corregir los defectos del progreso. Se podría conceder prestigio a las obras que aportasen silencio al ruido que el humano genera por defecto, porque el silencio es el mayor ejercicio espiritual. Me inspira, por ejemplo, la aproximación a ralentí del hocico de Jimmy al agua que quiere beber, ese silencio que vence a la barbarie. ¡Cuánta belleza!

13/8/2017

◆ ◆ ◆

EL QUID

Cualquier teoría de la pintura que no refiera cómo el pintor aproxima un color a otro queda incompleta. Si recordamos que la pintura es un arte manual determinado por el pulso, y el pulso por la respiración y toda manera de estar vivo, hacer las lindes sería la mejor jugada del pintor. En esas juntas está el quid.

18/10/2017

◆ ◆ ◆

CERRAR LA BOCA

El halo de las cosas emite bajo y para percibirlo hay que callar. En ese silencio crece la pintura, en las zonas libres de significado, en los desconocimientos y agujeros del idioma, en lo que nadie nombra.

8/4/2015

◆ ◆ ◆

VACÍO SEMÁNTICO

Aspiro a que el cuadro ocupe zonas libres de significado, esquivando la reflexión o la metáfora de una cosa. La pintura ya es la cosa.

17/6/2016

◆ ◆ ◆

ERÓTICA

En este tiempo polarizado donde todo empuja a posicionarse veo necesario practicar la gradación y el matiz, evitando lo frontal en cuanto que es fin de camino. Debo ensoñar lo inalcanzable, preferir la esperanza más que lo palpable, la sombra antes que la carne que la proyecta, o el timbre de voz en vez del mensaje que contiene. Abogo por no tener una opinión formada de las cosas, quiero entender lo que pasa por su atmósfera, educarme en el presentimiento, practicar una escenificación de la inocencia, una tontura para desaprender, fingir el asombro para terminar asombrándome como el actor que adopta las virtudes de su personaje. Apuesto por el erotismo de todas las cosas.

24/5/2017

◆ ◆ ◆

NUEVO CATECISMO

Perdemos ternura. Pero quedan tutoriales. La contemplación del sol bajo, el amor de un antepasado mío, la mirada de los animales y los acordes menores del piano.

4/2/2018

◆ ◆ ◆

EL ARTE ANTICIPA

Me resisto a que el arte tenga que ilustrar lo que acontece como si fuese un periodismo a color, que vaya a rebufo de la actualidad con la coartada «hablar de su tiempo». El término «creación» lleva implícito anticiparlo.

15/3/2018

◆ ◆ ◆

FRENTE A FRENTE

Igual que el teatro en televisión es televisión, la pintura en foto es foto.

La experiencia pictórica real es un cuerpo a cuerpo del que mira con el cuadro.

2/2/2015

◆ ◆ ◆

CRISTAL DE SOL

Lo que se conoce como ficción es para mí la realidad: un tebeo, un diálogo de zarzuela, un cuadro, el ritmo de la música, conformando un cristal para ver mejor, no con más detalle sino con menos, dejando a la vista nada más que la belleza. El arte sublima, procurando celebraciones para la vida.

5/3/2018

◆ ◆ ◆

GROOVE

Se puede hablar mucho de una obra, descifrar el proceso, la composición, etc. Pero en la pintura hay algo sin lo cual no tenemos pintura, es el *groove*. No es académico, tiene que ver con el divertimento, como el albatros o el delfín en su corriente. El goce de fluir.

17/9/2017

◆ ◆ ◆

QUERIDOS ALUMNOS

El artista tiene una ética profesional. No es aceptable seducir a otros artistas de reconocido prestigio, comisarios de arte o periodistas culturales sobreactuando el afecto para lograr que nos favorezcan en nuestra trayectoria. Las personas dispuestas a ayudarnos con su mecenazgo, o simplemente propiciando la difusión pública de nuestro trabajo no son peldaños de una escalera hacia la fama, son personas generosas que no merecen falsedad en el trato sino nuestra sinceridad y agradecimiento público.

◆ ◆ ◆

Evitad el clasismo. Las relaciones entre artistas no deberían regirse por el posicionamiento en el mercado sino por la calidad personal y el talento. No elijáis a las personas para subir por ellas ni aspiréis a pertenecer a la clase alta para tratar solo a los de clase alta, aunque lo consiguierais siempre habrá personas más arriba; formaríais parte de una cadena de frustración. No tratéis con camaradería a los poderosos para imaginar que pertenecéis a su club. No es ese vuestro camino. El arribismo distrae a la voz propia, la cual necesita concentración. Sed íntegros. Evitad los lobbies y a la gente que se cree importante, mantened vuestra independencia, nadie podrá traicionaros de esta forma. Quereos por vosotros mismos y por vuestro compromiso con la profesión elegida, el arte. Esta manera de ser os dará identidad y amigos reales. Mandad en vuestros gustos, pintad bien, todo llegará.

◆ ◆ ◆

El arte no tiene por qué responder a lo que los medios de comunicación consideran actualidad. El arte es un acto de creación y como tal debe –hablar primero–, iniciando pensamientos, actitudes y una nueva realidad.

◆ ◆ ◆

Un cuadro es un objeto físico, y ponerse frente a él es una experiencia corpórea, una presentación directa sin intermediarios. Ver un cuadro en Internet o en un libro es ver su representación. Es una traducción a papel o a web necesaria para su divulgación, pero sin olvidar que esa foto del cuadro es el mensajero de la pieza, no la pieza.

◆ ◆ ◆

Evitad la búsqueda premeditada del estilo. El trabajo sincero y continuado en el tiempo irá proporcionándonos un lenguaje propio.

◆ ◆ ◆

Evitad el seguidismo de clichés contemporáneos. Es el artista quien abre caminos, y no el discurso en boga el que guía al artista. El esfuerzo artístico debe revelar la voz propia, pintando acorde a lo que se piensa y a lo que se siente.

◆ ◆ ◆

Si te gusta Lorca puedes hacer una exposición sobre Lorca, o un disco con sus letras. Hay que tener referentes, pero procura que la siguiente no sea sobre Machado, o sobre un filósofo, científico, arquitecto u otro artista aprobado por la comunidad. Evita adornarte con el prestigio ajeno. Logra tu propia iconografía, excava en ti, encontrarse es la mejor homologación.

◆ ◆ ◆

Cuando escribas no cites demasiado, buscar apoyos en exceso denota inseguridad. Sé valiente. Preséntate sin los sabios.

◆ ◆ ◆

Cuidado con la voracidad. Evitad la ambición desmedida por encontrar el éxito, así como la obsesión por las becas y premios como desarrollo del artista. No tengáis prisa. Por orden, lo primero es investigar, encontrar, construir y depurar el lenguaje pictórico propio. Luego la difusión de la obra y canalización en galerías y ámbitos artísticos.

◆ ◆ ◆

No sentir vértigo al acabar la carrera de Bellas Artes. Tampoco al desamparo institucional después de los 35 años, cuando dicen que ya no eres joven.

◆ ◆ ◆

El arte nutre la cultura y la cultura da identidad a las ciudades. El pintor ocupa un lugar significativo en la sociedad.

1/1/2009

◆ ◆ ◆

HAMBRE PROPIA

Pinto porque mi cotidianeidad es pequeña. La ciudad está cercada y todo en ella queda nombrado. Pinto porque sospecho a extramuros la inmensidad, esa es mi hambre.

8/11/2017

◆ ◆ ◆

PINTAR SIN AVISAR

La pintura no es una reflexión, es una expresión. Cuando un cuadro es deliberadamente culto lo encuentro pedante, casi siempre contiene tesis ajenas y exceso de narración. Imaginármelo así me asfixia. Hay que pintar sin acudir a las ideas. Confía en el magma del pensamiento, contiene tu vida y la de tus antepasados. Sé fumarola, pinta sin avisar. La improvisación hace visible nuestro ser original.

25/6/2014

◆ ◆ ◆

EL RECUERDO ACTIVO

La nostalgia es una acción de resistencia al olvido. En la pintura se llama resurrección.

2/1/2013

◆ ◆ ◆

EL CANON VEGETAL

Algunas pinturas de plantas tienen la postura suprema, es decir, cuando se nos presenta perfecta la relación entre las hojas, las ramas y el aire que las rodea. Cuando ocurre esta disposición óptima, la planta se eleva a su categoría máxima, a canon vegetal, es más planta que nunca y sentimos mejoría a través de la contemplación. Muchos pintores han logrado dominar este arte de las distancias y lo han usado en todas sus obras. No son matemáticas sino intuición para distribuir. Y se me ocurre si esta forma de pintar preguntando al soporte cuánto admite, si este asunto de acertar con el lugar, de colocar bien las cosas entre sí, no tiene su correspondencia en otras disciplinas como el urbanismo y la arquitectura, la danza y el deporte. Sí, también en el comportamiento de las personas para estar en conjunto. Estaríamos hablando de pintar como un modelo de comportamiento, de una aspiración, de una ética armónica para saber juntarnos y con quién, dónde ponernos, cuándo acercarnos y alejarnos, es el feng shui para estar en relación.

2/11/2012

◆ ◆ ◆

LO EXCELENTE SOBREVIVE

Habría que aspirar, no a que el cuadro tenga los tics del arte contemporáneo del momento, sino a que sea maestro, condición que lo irá trayendo a la vida por encima de los días.

22/4/2018

◆ ◆ ◆

PINTURA FANTÁSTICA

Antes valoraba la pintura biográfica como la verdadera, donde lo pintado tuviese concordancia directa con lo vivido por el pintor o con lo que ha visto, esto es pintura documental. Ahora prefiero la fantasía, elevando su naturaleza ilusoria a «verdaderos hechos».

3/5/2017

◆ ◆ ◆

NUBES PASAN

Las cosechas varían de un año a otro porque la tierra y el cielo cambian. Todo evoluciona, hasta la obra del pintor. Anclar una fórmula artística en el tiempo obedecería pues a parámetros exclusivamente comerciales.

5/12/2016

◆ ◆ ◆

FOLK

Hay pintura desvinculada del lugar y otra que mira las maneras propias de la comunidad, le debe a la geografía y hereda el conocimiento de los maestros en persona.

21/5/2016

◆ ◆ ◆

ESPAÑA Y PORTUGAL

Mi padre solía escribir a las embajadas antes de viajar. Recibía folletos sobre la industria del país, de su patrimonio y de sus gentes. Me aficionó. Escribí a Inglaterra, Suecia y Alemania, mirando el buzón a diario hasta que recibía contestación. ¡Qué ilusión! Aquellos países quedaban explicados en pocas fotos y alguna breve descripción: catedrales, paisajes, bailes regionales y el nombre del país en mayúsculas. Pedía folletos por gusto, crecí fantaseando. Aparte, en casa teníamos el *Nuevo Atlas Mundial* (Aguilar,1962), que hoy conservo como un tesoro. Recuerdo a mi padre abrir la doble página de Rusia, y ensimismado, pasar el dedo por encima de los grandes rios.

Cuando llegó Google, soñar lugares parecía no tener sentido, toda estaba en la red. Con el tiempo he aprendido que la información no sustituye a la imaginación, ésta viene ligada a la necesidad de crear. Me considero un pintor creyente, creo en sucesos, en historias y cosas que aún no han pasado, o en otras remotas que traigo conmigo. Esa esperanza es mi movimiento, la forma que tengo de vivir en avance.

En la era de la sobreinformación, más que nunca, la fantasía es nuestra modernidad.

España y Portugal no trata de la historia política, tampoco me he sentido obligado a representar estos países por sus hitos. Hacer un poema, pintar, precisa evitar iconos y lugares comunes. Sí reconozco en esta muestra un iberismo sentimental, con la actitud romántica de alejarme para poder experimentar la fantasía, geográfica o de época. *España y Portugal* es ficción, mi visión, pintura para continuar lo que hizo mella: el atlas, los folletos de viaje, recibir aquellas cartas de las embajadas.

Hoja de sala de la exposición

1/12/2021

◆ ◆ ◆

DETRÁS DE LA MONTAÑA

Álex es un poeta de Barcelona que escribe en catalán, tiene un jardín con la tierra oscura, un árbol y una mesa de picnic. Allí pasábamos los domingos charlando y comiendo sin prisa. Un día le pregunté si también escribía en castellano. Me dio una respuesta que cambió toda mi percepción del arte: «Mi madre me quiere en catalán. Cuando quiero verbalizar emociones me sale en catalán». Pensé cuál sería mi lenguaje vernáculo, difícil tarea. Hice memoria de la infancia buscando aquellas palabras que hubiesen podido estimular mi sentimentalidad. Además del amor recibido aparecieron en mi cabeza historias heredadas de mis padres: Sierra Morena, lobos y pastores, soldados perdidos, mi abuelo oculto en el monte con víveres de estraperlo para mi abuela; el viaje a Rusia de mi padre que en mi ensueño habitaría de hombres serios y mujeres con la vista perdida.

Mi madre me explicaba el invierno, subrayando la belleza de los días nublados, del aire frío y del verde. La recuerdo en el coche sentada delante, siguiendo con la mirada los árboles y yo con ella desde el asiento de atrás. Mis raíces no tienen geografía, nacen en el imaginario familiar. Pasábamos los veranos en la casa de campo, gustándome explorar en bicicleta los caminos de alrededor. Había una cuesta que ascendía hasta perderse en la espesura. Nunca subí. Tenía la tierra clara y se afilaba por la perspectiva. Desde allí arriba comenzaría el mundo, azulado por la lejanía. Hoy sé que la vida se extiende hasta donde alcanza la fantasía. Y puede que el arte sea una proyección de la lengua materna, de las primeras palabras y de los primeros años. Cultivé esta herencia en libros como *La Montaña mágica* de Thomas Mann o en todas las novelas de Lajos Zilahy. Busqué películas donde identificarme e hice mías *Vör El ladrón*, de Pavel Chujrai; *Hasta donde los pies me lleven*, de Hardy Martins; *Dersu Uzala*, de Kurosawa; y las siete películas de Tarkovski. En esta exposición quiero recuperar mi primera voz, ampliar esa iconografía emocional y pintar soldados extraviados, a mujeres en la umbría, el norte que sólo existe en el pensamiento y que desde mi barrio en Córdoba empieza justo detrás de la montaña.

Texto para el catálogo de la exposición
Detrás de la montaña, en la Galería José Pedraza.

8 /9/2007

◆ ◆ ◆

TÚ Y YO

Es una historia de amor dirigida por Leo Mc Carey en dos películas. La primera es de 1939, (*Love affair*), y la segunda de 1957 (*An Affair to Remember*). Con este título pretendo abordar este proyecto expositivo, que versa sobre la casa como escenario afectivo, los objetos que contiene y quien la habita. Así, la exposición de pintura, de ser cine, podría enmarcarse en el género romántico. Para ello elijo un tipo de arquitecturas vernáculas, o Folk, con la idea de aproximar el ambiente a la infancia, evocando conceptos como casa del pueblo o casa de los abuelos en verano. Conforme escribo recuerdo también la película *Fresas Salvajes* (1957), de Bergman, de la cual extraigo un fragmento de la sinopsis: «Durante el viaje se detiene en la casa donde pasaba las vacaciones cuando era niño, un lugar donde crecen las fresas salvajes y donde vivió su primer amor». A diferencia del cine, a la pintura le sienta bien el relato inacabado. Ése sería el hilo conductor, un ejercicio poético sobre la infancia, la protección familiar, los caballos sueltos y la esperanza de volver a vivir un primer amor.

En esta ficción pictórica subyace el concepto Sehnsucht, una palabra alemana típica de la cultura romántica que no tendría traducción exacta al castellano. Indica anhelo hacia alguna cosa intangible, podría unir la nostalgia y la esperanza a través de la contemplación de lo lejano. Según C. S. Lewis «es un incontrolable deseo en el corazón del hombre hacia no se sabe qué». Este deseo de un tiempo grande, en contraposición a la actualidad mediática, ha sido siempre la motivación de mi trabajo. Pintura de época o pintura de lejanía, en donde la añoranza del pasado o del tiempo que está por venir me predisponen a lo remoto: jardines versallescos, castillos de España, un duelo de esgrima, carruajes, soldados en el paisaje, bailes regionales, arquitecturas del norte, dos personas lejos; poniendo el oficio de pintor al servicio del Sehnsucht.

13/5/2019

◆ ◆ ◆

CUARTEL Y SACRISTÍA

El ejercicio de la Historia deja un cansancio con sudor propio que en España huele a cuartel y a sacristía.

2013

◆ ◆ ◆

UNA HISTORIA RUSA

Es una serie alimentada por las historias que contaba mi padre cuando vino de Rusia. La distancia es afecto, ensoñación y creencia, donde la nostalgia y la esperanza son el contorno, el lugar más alejado; y pintar, la única práctica posible para verlo.

2013

◆ ◆ ◆

DOS PRAZERES

Es una serie que trata de la desaparición, de la vida que acaba en una vitrina, de lo que queda. Es pintura que podría entenderse como poemas históricos para la vista, del poder venido a menos. El nombre está tomado del mayor cementerio de Lisboa.

2013

◆ ◆ ◆

DISCOTECA POMELO

Es una línea de memoria entre Córdoba y la Costa del Sol, una actitud romántica por los lugares de evasión que ya no están, hoteles, clubs y discotecas: una geografía sentimental en verano, donde la pintura es el modo de volver.

2014

◆ ◆ ◆

DESDE AQUÍ SE VEN LOS DELFINES

Es un recuerdo porque, ¿acaso hay pintura que no lo sea? Se siente mientras se pinta, cada cuadro acabado es una memoria. Pero lo interesante es el hilo de los acontecimientos. Es uno quien decide qué hitos son los importantes para la pintura. Así he comprobado que todo lo que recuerdo es afecto, lo demás se ha diluido. Entonces creo que pintar es vivir en permanente estado de ensoñación romántica: mirar lejos y confundir la mar rizada con el paso de los delfines.

2017

◆ ◆ ◆

CORAZÓN

Tuve que pintar Escandinavia (2019), aquel Folk, para valorar a Siempre así. Ya en 2013, cuando abordé la serie Cuartel y sacristía, urdiéndola con Dos Prazeres y Una historia rusa, me di cuenta de que lo español, lo portugués y lo ruso presentaban rasgos comunes: el folclore. Las manifestaciones artísticas cuya fuente de inspiración es lo regional, de alguna manera se parecen. Quizá el denominador sea que este modo vernáculo no atiende a la universidad, a las bellas artes ni a las músicas de partitura, tampoco a la danza que se enseña en las escuelas. Atiende al lugar, a la cultura oral y a la fiesta como canal de expresión de la vida. En casa de Rafa Almarcha aprendí de dónde nació Siempre así: de la Hermandad de Triana. Lo pude ver en los tambores, en las flautas de caña y en las vestimentas propias de la romería. Estos atuendos se dan en Japón, en el Cáucaso o en La Pampa. Tirando del hilo leí que romería viene de las peregrinaciones a Roma, comprendiendo así que no hay folclores mejores que otros; son el pulso anímico de cada sitio, su Soul, siendo el sentimiento que nace del arte la verdadera hermandad entre todos los pueblos. Amar el folclore se me revelaba como una forma culta de ser internacional.

Cuando acordé estaba metido en el epicentro de Siempre así. Rafa me canta en primicia sus nuevas ideas; yo le digo lo que quiero pintar (le gusta la pintura); y nos reímos cuando titulo cuadros con frases de sevillanas. Me cruzo con Ángel Rivas haciendo deporte por la mañana, nos paramos jadeantes para hablar de cualquier cosa. Y Ana S. Valderrábanos, pintora y eslabón fundamental entre el arte contemporáneo y el folclore. Ella tiene una receta para unir a los invitados, una jarra combinada corta de ginebra, la justa para reír. Me acuerdo entonces de la simbiosis animal: dícese de la convivencia pacífica entre ejemplares de diferentes especies, gracias a la cual ambas partes se benefician. Solo que al ser humanos lo que sentimos es amistad.

Texto del catálogo Corazón,
de la exposición benéfica para Trianidad.

5/8/2020

◆ ◆ ◆

ESCANDINAVIA

Es pintura que teatraliza la lejanía, sería un punto extremo del mundo, donde se une lo que se espera y lo que se recuerda. Escandinavia es pintura del otro lado, hecha desde éste, entendiendo la distancia como el amor que falta.

2018

◆ ◆ ◆

TODO FLORECE

El título Todo florece está tomado de A toda vela 1, libro infantil de lecturas, lema que puede llevarse al arte a modo de comportamiento. No se trataría de entender el cuadro como un depósito de la cultura ni como espejo de quien uno es. Todo lo contrario, pintar iría ligado al asombro, a lo que se ve por primera vez. Ésta es la actitud para el tiempo que nos ha tocado en suerte. Pase lo que pase todo florece, actuando la obra con la ternura de lo que nace, vencer así:

> «Cuando un árbol está creciendo es tierno y dócil, pero cuando se vuelve seco y duro, muere. La dureza y la fuerza son compañeras de la muerte. El vigor de la existencia se manifiesta a través de lo dócil y flexible. Lo que se vuelve duro no puede triunfar».

TARKOVSKY
Stalker, 1979

El hombre al nacer es blando y flexible,
y al morir queda rígido y duro.
Las plantas al nacer son tiernas y flexibles
y al morir quedan duras y secas.
Lo duro y lo rígido
son propiedades de la muerte.
Lo flexible y blando
son propiedades de la vida.

TAO TE KING, LXXVI
Hoja de sala, 2020

◆ ◆ ◆

5.301,89 KM

Es la distancia que hay desde mi casa al Polo Norte. A pesar de los cálculos y de los mapas, lo que queda al otro lado del horizonte es una ilusión. Me convencí así de que sólo se podía imaginar el norte si estabas en el sur, y que por ello la esperanza era una distancia. Luego supe que cuando se es propenso a soñar da lo mismo donde te encuentres: la fantasía es un apetito del espíritu que jamás queda satisfecho.

Si pintar es imaginar con las manos, cada nueva obra sería un ruego. Dios está allí, si pinto el amor le llamo, si hago hermosura me verá.

7/5/2020

◆ ◆ ◆

CUADRO POEMA

¿Cómo hacer pintura de amor? El cuadro debe ser un buen poema. Cuidado con pintar corazones, abrazos o cualquier icono del máximo sentimiento. No pintar el dulzor, tampoco la emoción en sí misma, queda mejor inducirla. La pintura no debe ser literal, tiene que estar a la altura de la mejor literatura.

14/12/2019

◆ ◆ ◆

EL SUSPIRO

Quién sabe qué leyes internas hacen que el pintor no rellene del todo. Es erotismo, inteligencia visual, no enseñar aquello que se espera ver. Al espectador de la pintura hay que dejarlo a medias, quitarle la imagen de la boca, dejarle salivando. Cuando comprende que lo incompleto perdura experimenta un sentimiento múltiple. Por este orden: Aceptación de la historia interrumpida, resignación contemplativa, ensoñación.

19/4/2013

◆ ◆ ◆

AFORISMOS

Pintar es discriminar.

♣

Discriminar cualquier forma de exageración.

♣

Discriminar los golpes de efecto.

♣

Discriminar presumir.

♣

Discriminar la demagogia y pintar para el aplauso.

♣

Discriminar todo lo que sea actualidad y periodismo.

♣

Discriminar el prestigio de la literatura
y de la filosofía.

♣

Discriminar el prestigio del cine.

♣

Discriminar el prestigio de la Historia (la foto *vintage*).

♣

Discriminar los temas homologados por la cultura.

♣

Huir de la palabra. No pintar lo que pueda ser
referido en una conversación.

No pintar lo que pueda ser explicado en clase.

No pintar para encajar en proyectos de comisariado.

No pintar con el canon institucional para ser becado.

Figuración y abstracción son palabras, no pintura.

No pintar *best sellers*.

Pintar sin partitura.

Pintar para pertenecer a la naturaleza salvaje.

Pintar feo, lo bonito está homologado.

Jugar al escapismo de los lugares comunes.

La pincelada es un asunto del cuerpo,
como los andares y la voz.

El pincel es una trompeta,
atendamos al toque.

Para sentir hay que callar.

☙

Qué es la lejanía sino el alcance de la imaginación.

☙

Para pensar grande hay que mirar lejos.

☙

Los uniformes militares y los trajes folclóricos no pasan, son del tiempo grande.

☙

La pintura es un espejismo real.

☙

Pintar por corazonadas.

☙

Pintar es rellenar, rellena bello.

☙

Pintar es borrar, borra bello.

☙

La pintura es una mímica que queda.

☙

La pintura no es una metáfora de otra cosa.
La pintura es la cosa.

☙

La pintura no es una reflexión sobre una cosa.
La pintura es la cosa.

☙

La pintura subordinada de la palabra
se convierte en su ilustración.

♣

Si la pintura es un relato, que sea inacabado.

♣

Evitar redundancias, el título no debe
decir lo mismo que la obra.

♣

La pintura se actúa, el lienzo es el escenario.

♣

Pintar es gesticular, evocar con las manos.

2013-2021

◆ ◆ ◆

PINTAR AL CAPRICHO

Observando a Chica (gatita de mes y medio) confirmo que su personalidad está en el conjunto de decisiones para acercarse o alejarse de las cosas. Ese movimiento en el tiempo deja un rastro, ese rastro es el estilo. Esto me lleva a pensar de nuevo que el pintor no debería preocuparse por ser reconocible, bastaría con recuperar el salvajismo y la intuición animal, que en los humanos se llama capricho y corazonada.

19/5/2017

◆ ◆ ◆

¡VROOOOM!

En los *rallys* hay dos tipos de pilotos: El que derrapa, pone el coche a dos ruedas, hace trompos y forma polvareda; es experto en halagar al público y levantar pasiones con una suerte de demagogias para obtener el aplauso.

Luego está el otro. Decide qué pintor quieres ser.

21/7/2015

◆ ◆ ◆

EL TIEMPO GRANDE

No quiero ocuparme del tiempo chico, del tiempo de la información, del que se pierde todos los días y que mañana no significa nada, sino del tiempo grande. Quiero que mis cuadros no estén lastrados por ningún elemento caduco. Que sean esenciales. Que contengan lejanía.

1/7/2016

◆ ◆ ◆

UNA RAZA INMORTAL

La pintura tiene su genética, información que vive. Cada creación lleva en su seno la historia de la humanidad.

21/2/2021

◆ ◆ ◆

FICCIÓN POÉTICA

El arte es ficción, no hechos reales. Lo que suceda en un escenario, en una novela, en la letra de una canción o en un cuadro no debe ser condenable.

20/2/2021

◆ ◆ ◆

PINTAR CON EDUCACIÓN

No pinto canalla, tampoco respondo a la política. Me gusta imaginar el amor largo: ¿Será un dios?, ¿la mujer total?, ¿las galaxias? Quizá la falda oculta de las montañas, los árboles y los animales, los atardeceres que el corazón dilata. Pinto con educación, pinto con modales porque se trata de una ceremonia religiosa. Y existe un paso más: para pintar bien tengo que ponerme cariñoso. Cualquier rudeza extinguiría esa intimidad.

14/12/2019

◆ ◆ ◆

PINTURA ESPAÑOLA ACTUAL

Cualquier deconstrucción o metapintura me recuerda al siglo XX. Aprecio estas demoliciones de la imagen cuando están bien pintadas, pero me dejan insatisfecho cuando no superan la categoría de hábiles trabajos manuales.

Cubismos, postcubismos, son el nuevo clasicismo, más bien neoclasicismo, vintage de aquella modernidad. Percibo que la abstracción geométrica empieza a agotarse, o está agotada ya. Solo le veo una salida, que contenga símbolo para vincular la imagen al pensamiento; un gesto que la conecte con algún lugar de la memoria del mundo. La vanguardia hoy ya no es hacer pintura para la pintura, sino pintura para la vida, donde la obra sea una incitación al relato, un amago de narración, siempre inconclusa para que alcance la categoría de poema. La geometría puede tener alma, y perderla cuando el pintor crea una marca (el cuadro como logotipo). La preocupación mercantil extingue al poema. Por otro lado, observo que la abstracción se vende mejor que la pintura con personajes. Lo abstracto (libertad de formas sin figuras) no crea conflicto con la decoración del hogar.

El artefacto poético es más difícil de hacer que la pintura de adorno.

El artefacto poético autoriza lo ambiguo, puede contener conjuro, plegaria, adivinación, empuje hacia lo desconocido. Esto supera a quien ve la pintura como decoración.

El poema precisa del intelecto y del sentimiento, de la cultura. El talento ya no estaría en la destreza plástica, que se le presupone al artista como profesional, sino en la capacidad para pintar un poema que excite los estados emocionales intermedios: los innombrables.

No es suficiente la gramática, renovar el lenguaje. Lo importante es el mensaje, que en el caso de la pintura es el hechizo y el encantamiento.

En nuestros días, pensar pierde hondura, o directamente no se piensa porque vivimos gestionando. Internet simplifica, las redes polarizan. Es la era gourmet, donde importa más parecer rico que tener gustos propios. No sentimos. El avance de la IA hace que pintar sea la mejor actividad para ver el ánima. La pintura es el Soul.

14/8/2021

◆ ◆ ◆

ARQUITECTURA

El cielo es la única naturaleza salvaje que queda en las ciudades. Nada de lo que hagamos los humanos supera en belleza a la evolución del sol y de las nubes, de la luna y de las estrellas. De esta manera, la prioridad del arquitecto sería evaluar cuánto cielo tapa con su edificio, qué firmamento deja para la vida.

28/1/2021

◆ ◆ ◆

STREET ART

Asunto controvertido. Muchos de los artistas que se identifican con este término pintan los edificios sin tener la más mínima consideración hacia la arquitectura. Solo les interesa que tenga un paño libre.

La vivienda social tiene su belleza, hay grandes arquitectos detrás. La obra civil también, silos, fábricas y chimeneones, así como la arquitectura rural.

Hay dos formas de plantear un mural, sobre plano con el arquitecto o interviniendo un muro ya dado. En este último caso habría que pedir permiso al arquitecto y a la propiedad. En cualquier caso, debe ser aprobado por la oficina que ostente la responsabilidad del urbanismo.

El muralista tiene una ética, propongo:

1- No mandes callar al muro, crea una conversación con él, eres su invitado.

2- Pregúntate cuánta imagen admite, escucha el entorno y a la edificación. No traigas una idea preconcebida de lo que quieres pintar sin estudiar el contexto.

3-No pintes sobre ruinas, el paso del tiempo está hablando, no interrumpas.

4-Estudia arquitectura y patrimonio, Historia del Arte y literatura. Gana criterio. Si no vas a mejorar el edificio no pintes encima. Recuerda el código *old school*: No se pisa una obra existente.

5- Pintas en la calle, no seas didáctico ni rebajes el tono poético. No subestimes a la gente.

17/8/2015

◆ ◆ ◆

EL CUADRO ES UN CONJURO

Cuanto más universal es un sentimiento más difícil es convertirlo en un buen poema. El alejamiento de la infancia o el «dulce esperar» que escribe José Antonio Montano en su poema *Proyecto Cero* no se podrían pintar de forma directa; la literalidad reduce la pintura. Hay que conjurar.

30/5/2016

◆ ◆ ◆

PINTAR FOTOS

Empecé pintando al aire libre, luego de memoria, y ahora pinto fotografías que me den el chispazo, señal de que encajan en mi historia personal. Encuentro estas imágenes familiares en revistas viejas que compro en los mercadillos (los mejores de España: Fuengirola, Benalmádena y Torremolinos), en internet, o las que hago yo mismo. El denominador es que no sean fotos artísticas, que no estén tocadas por la belleza homologada. Tampoco valen fotogramas, fotos históricas o periodísticas ni cualquier otra imagen aceptada por el canon de la universidad. Me gustan las fotos feas, caseras y amateur, que sean aculturales. Cada cuadro puede contener varias que compongo como un collage hasta que parecen una. Cuando se hace puré la autoría de los fotógrafos nace la pintura. Partir de fotos me quita los tics de *belloartista* y el exceso de estilo.

2/11/2014

◆ ◆ ◆

IMAGEN DE CARNE

De entrada, quizá sea oportuno recordar que la imagen pictórica se hace a mano, es un asunto carnal. Cuando se pinta no basta con idear la imagen. Por ejemplo: Una pareja entre los árboles con un cielo que amenaza tormenta. Importa también cómo se le da vida, esto es: con qué toque. Y entiendo por toque todas las maneras de componer y depositar la pintura en el soporte, la forma óptima de carnalizarlo. Según el toque, nuestra pareja entre los árboles puede parecer perdida en el bosque, cogiendo setas, huyendo, llegando; o ser todo el cuadro un *déjà vu* de amor.

No basta con rellenar sin salirse, no se trata de calcar fotografías en el lienzo con el proyector. La pintura es mucho más que el traslado de una foto.

En la música, la partitura debe ser, no solo audible, sino humanizada por el intérprete. En la pintura es igual. No es suficiente presentar la imagen, tiene que parecer táctil.

No hay *storyboard*, plano o boceto capaz de contener el clima, cualidad determinante de la pintura. La idea se revela mediante la mímica personal, el roce propio y los andares por el soporte. La pincelada es el movimiento intransferible del pintor, y el cuadro su zona pisada, un registro de vida.

Dicen que la pintura actual se alza en España igual que en el extranjero, bien, pues quitemos entonces las coletillas prestadas del arte conceptual oficial, tipo «el pintor reflexiona», como si la pintura fuese un texto o la ilustración de una tesis, sumisa de la palabra.

La pintura es un magma que contiene montañas de pensamiento, pero es un lenguaje no verbal. Escúchese en este punto cómo toca Miles Davis «Kind of blue». Sin la melodía no habría obra, pero sin su personal soplido corto, tampoco.

Ojalá con la pintura en España pase como en la escena jazzística de Londres, Nueva York o San Sebastián, donde la gente acudiera a las exposiciones, no tanto a ver imágenes, que podrían verse en internet, sino a ponerse delante, a experimentar el cuerpo a cuerpo, a fijarse en cómo están tocadas.

22 /12/2014

◆ ◆ ◆

UNA MESA JUNTO A LA VENTANA

La pintura come pintura, come cine, come cómic, come ilustración infantil, come diseño gráfico. Elige la presa y se come su nombre. Quizá sea éste el rasgo de la pintura actual, su condición omnívora.

13/8/2021

◆ ◆ ◆

OBSERVO Y EXPERIMENTO

Cuando miro un cuadro empiezo por aceptar que desconozco su gramática, sus códigos, y en vez de sentir amenazadas mis certidumbres de adulto me deleito en ese nuevo orden. Es una oportunidad para vivir algo por primera vez.

23 /12/2014

◆ ◆ ◆

ENCUADRE

Nunca he tomado medidas para buscarle sitio a las cosas. He huido de las composiciones que se ven demasiado, así como de cualquier teoría de las proporciones.

Me gusta poner a ojo, como el músico que a pesar del conservatorio acaba tocando de oído. Para pintar hay que ser un animal. Como el gato que atina con en el punto más fresco de la casa; o el buitre, la térmica que lo eleve.

12/5/2016

◆ ◆ ◆

ELIPSIS

Entre las habilidades del pintor está suprimir acontecimientos en el cuadro sin poner en riesgo la imagen.

13/5/2016

◆ ◆ ◆

PINTURA SEXUAL

Cuando se mire un cuadro no se vea ni se diga pintura. Llámese esgrima, el arte de las aproximaciones.

Llegar al soporte, rozarlo, qué se deja en él, cómo acoge la carga, qué suerte de movimientos quedan. Se nos revelará de esta manera que el rasgo diferencial de la imagen pictórica es el toque.

19/10/2017

◆ ◆ ◆

SILVESTRE

La buena pintura ocurre por fuera de los nombres, en el contorno de la civilización.

23/3/2015

◆ ◆ ◆

STALKER

¿Cómo saber si se está pintando con mismidad? Hay que decidir cuáles son los hitos personales, unir esa línea de puntos y pintar desde «la zona».

14/10/2017

◆ ◆ ◆

ÁRTICA/ ATLAS NOCTURNA/ INVIERNO

Son mis obras públicas más señaladas. Las hice con la misma actitud. El mural *Ártica* lo pinté en el suelo de la Plaza de las Tendillas, en el centro de Córdoba (2007). Era una obra efímera, desapareció en pocos meses por el trasiego de los peatones. El desgaste fue bonito. La plaza es más interesante que cualquier cosa definitiva que pudiera hacer en ella. Pinté una alegoría del Norte con pintura blanca, reservando el gris del pavimento. Me gustan las ciudades grises, los pavimentos y los cielos grises. A cada tramo miraba cuánta pintura poner para no ahogar el suelo.

Invierno fue una intervención en el Patio del Colegio de Arquitectos de Córdoba. Simulé el frio. Cubrí los adoquines con corcho blanco, kilos de bolitas, otras las suspendí entre los árboles con hilo invisible. Esta nevada fue el comienzo de mi amistad con quien entonces era decano Rafael Obrero. El arquitecto Arturo Ramírez me dijo que le gustó el trabajo, esto posiblemente motivara el encargo de *Atlas Nocturna*.

Atlas Nocturna se ideó sobre plano con el arquitecto Arturo Fernández (2011). Le habían encargado la nueva biblioteca de la Facultad de Filosofía y Letras de Córdoba. Me comentó que el mural debía hermanar los distintos estilos arquitectónicos del edificio. A su vez la biblioteca debía tener intimidad y luz natural. Estaba claro, aposté por una gran celosía vegetal sobre doble cristal. Pinté solo con negro, a mano alzada, preguntándome en cada pincelada cuánto soporte tapar. El protagonista no era tanto mi dibujo sino la luz a través.

20/8/2021

◆ ◆ ◆

CHRISTMAS

A veces creo que soy algo más que un herbívoro. Que mi vida es algo más que berrear por la dehesa, espantar moscas, ramonear y olisquear genitales comprobando afinidad. Luego entiendo que imaginar la belleza, nacer las cosas, las prácticas artísticas, son en realidad hormona y cortejo, como un pavoneo sofisticado para el apareamiento con los afines. Rozarse las ideas y los cuerpos para no sentir el vacío. Un cuadro logrado, la música, un texto revelador, cualquier gesto con esmero es nuestra animalidad. Acaba el año y empiezo a pensar que el arte es una evolución de agitar la mano, un movimiento útil para verse, nuestra habilidad para encontrarnos.

FELIZ 2013

◆ ◆ ◆

WAYNE SHORTER

Es quizá el saxofonista más elegante. Cuando escucho jazz hago dos cosas, no subir mucho el volumen y no hacerme preguntas sobre el significado de lo que suena. Algo así como mirar los cuadros abstractos de Philip Guston. Si el artista quiso que fuese música instrumental no debo echar de menos las palabras. Se trata de imaginarse en un jardín, no para averiguar el nombre de cada planta sino para, sencillamente, recostarse en él.

14/5/2012

◆ ◆ ◆

BOOTSY COLLINS

Un buen bajista es aquel que conoce su naturaleza y actúa según ella, como los salmones al remontar la cascada o las cebras al sumar sus rayas para desconcertar a los carnívoros. Creo que artista es aquel que obedece a su mismidad sin concesiones. los griegos lo llamaban daimon, el destino individual de cada uno.

19/6/2020

◆ ◆ ◆

EARTH, WIND & FIRE

La pintura es un río que cruza la tierra baldía.

18/12/2015

◆ ◆ ◆

ROCK

No me gusta el Rock porque su carácter rebelde no contempla la alegría. También le falta espiritualidad, esperanza y ternura masculina. Fuerzas de resistencia ante la hostilidad que sí tienen los artistas Soul.

5/11/2018

◆ ◆ ◆

LONNIE LISTON SMITH

Ha fallecido Gato Barbieri, conocido universalmente por la banda sonora de El último tango en París. Destacaría de él haber creado el Jazz panamericano. Un sonido con evocación a tierra virgen: un continente entre la selva y la pampa que solo existe en el toque lastimero de su saxofón. También haber apoyado a Lonnie Liston Smith en su comienzo. Un artista no es tal hasta que tiene un discípulo. Recomiendo cualquier disco de los dos artistas en el sello Flying Dutchman.

3/4/2016

◆ ◆ ◆

DESAFINAR UN POCO

Estoy acordándome de un concierto que dio Herbie Hancock en Valencia en el año 2000. El hit Chamaleon sonó irreconocible, al borde del ruido. Creo que después de una trayectoria indiscutible de buena música y de haberse apoderado del bello toque, quizá necesitara llevarse el sonido al filo. El paradero adonde un artista debe llegar es al contorno de la belleza, a sus afueras. Puede que la verdadera creación consista en salirse del buen gusto, burlando las composiciones armónicas, no como estrategia feísta sino para escaparse de la repetición, como un gato que brinca porque se aburre. La inteligencia estaría en aguantar el equilibrio entre el fallo y el acierto, con divertimento, llevando la obra a un punto donde no se sepa si gusta o espanta, siendo ese desconcierto garante de novedad.

19/10/2014

◆ ◆ ◆

PARTITURA DE CUERPOS

Siguiendo con la equivalencia entre pintura y teatro, entendiendo el lienzo como escenario, le pregunté a mi amigo Eduardo Chivite si se podía medir la colocación de los personajes y cómo ponerlos en relación. Me dijo: «En teatro se llama evolución del personaje, partitura corporal o partitura del movimiento, físico y psicológico».

24/11/2017

◆ ◆ ◆

TENGO UNA MISIÓN

El pintor misionero no se afana en la composición ni pretende originalidad. Su autoría es el aliento, la viveza y el caminar con fe.

06/11/2023

◆ ◆ ◆

ROSA LOSADA

1- Hijo, no hay mayor satisfacción que la del deber cumplido.

2- Que sean los demás quienes digan lo mucho que vales, nunca tú.

8/11/2023

◆ ◆ ◆

PINTURA FOTOGÉNICA

Hay dos grandes momentos que transformaron la pintura, la llegada de la perspectiva y la llegada de la fotografía, culminada hoy en Instagram. Observo que los nuevos pintores sustituyen la corporeidad del cuadro por su fotogenia. Solo se pinta lo que pueda ser apreciado en foto. Este nuevo modo defrauda en directo: frente a la obra cuesta ver la mano del autor, su temblor, titubeos o arrepentimientos. En el relleno del color ya no hay dirección en la pincelada, y la descarga en el soporte parece avergonzarse del hecho a mano. Solo importa ser eficaz. Con la pintura en libro de papel había un pacto tácito entre pintor y espectador, los dos sabían que la obra alcanzaba su máxima dimensión en vivo. ¿Es posible imaginar una obra de teatro donde se redujesen los materiales de la escenografía a lo que salga en la foto y no a lo que pueda ver el público desde cualquier punto? Pues en pintura está pasando. La parte positiva es que esta pérdida de corporeidad es global, por lo que adquiere categoría de canon, es por tanto un frente visible y podemos ofrecer resistencia. El signo de nuestro tiempo es el Swipe: pasar vidas en el móvil con el dedo; pintar para ser visto en ese corto intervalo de tiempo, lo que subyuga la pintura al ritmo acelerado de nuestros días.

23/10/2023

◆ ◆ ◆

EL MEJOR MOMENTO

Concluyo que se puede pintar por dos motivos, para hollar lo nunca visto y para crear una vida superior. Es decir, para descubrir y mejorar. Entonces, ¿no debo deducir que cuando pinto estoy en mi cumbre? ¿no es pintar para el ser humano su ejercicio de perfección?

05/11/2023

◆ ◆ ◆

ABSTRACTO DECORATIVO

La pintura abstracta sin símbolo es adorno. El símbolo es de la naturaleza de la palabra, es un artefacto que representa al objeto o a la idea. El símbolo contiene un mensaje que puede ser entendido por muchos individuos, por lo que adquiere categoría de cultura. Puede ser un aviso de algo, una señal, una bandera o un mapa. En la pintura me gusta que el símbolo ayude a imaginar, incluso que represente espejismos. Para lograr pintar este símbolo evocador hay que tener un gran conocimiento del mundo, por lo tanto, el pintor abstracto que no es culto está condenado a la decoración.

06/11/2023

◆ ◆ ◆

PINTOR SUPERDOTADO

La superdotación espiritual no se puede medir, por lo que resulta difícil entenderla como talento. No sé en otras ramas del saber, pero en arte, superdotado sería aquel con una capacidad superior para sentir y expresarse en consecuencia. ¿Y por qué? Al menos yo le pido a un artista que me alcance mundos a los que yo no llego.

En pintura, el prestigio es la fantasía.

En pintura, el prestigio es la imaginación.

05/11/2023

◆ ◆ ◆

EL TEXTO DE NEO RAUCH

AZUL GAVIOTA

Conocí a Miguel Gómez Losada en Málaga en el año 2014, a propósito de una exposición de Rosa Loy. Conversamos en la cena y en el desayuno, y antes de coger el vuelo de regreso tuve tiempo de ver uno de sus cuadros, Una historia rusa (15), que me alegra encontrar en su catálogo Tú y yo, Sehnsucht. Es una gran montaña gris, un paisaje de niebla. Me llamó la atención que un pintor andaluz, con la luz propia del sur de España, pintara la penumbra del norte. Enseguida vi en él una actitud que practico en mis cuadros: La pintura tiene que ver con lo que falta, con el descubrimiento; trata de conquistar un pedazo de tierra. El pintor es un aventurero y trabaja lleno de promesas.

Volviendo a su catálogo, Tú y yo, Sehnsucht, advierto una palabra propia del Romanticismo alemán que a veces se traduce como 'nostalgia', pero que va más allá. En sus páginas hay fragmentos de su Diario de pintura que comprendo bien: Sehnsucht tiene que ver con la promesa que he nombrado antes. Es un anhelo intangible que une el recuerdo y la esperanza en lo remoto. Comprendí enseguida que todo lo que pinta Miguel está lejos, tanto en la geografía como en el tiempo. Me declaro romántico confeso, por lo que mi simpatía por su trabajo está servida.

Pero la pintura no es solo un asunto de promesas, no basta con lo que suelo llamar el anhelo de concepción. En una reciente entrevista me preguntaban por el inicio de un nuevo cuadro. La imagen misma nace en el instante en que se ve. Se desarrolla a partir de un impulso que sopla sobre mí o que me invade como una corazonada. Entonces me acerco al lienzo y le hago algo. Comienza un desarrollo que finalmente se convierte en una imagen. La imagen es el pináculo absoluto del esfuerzo artístico, su icono. Es un trabajo que hago con dolor y placer. Porque no solo me esfuerzo por pintar un buen cuadro, sino que debe ser mejor que el anterior y que los cuadros que pinté hace diez años. Y luego entramos en una dinámica que no siempre es saludable. De esta manera te conviertes en tu mejor pero más insano competidor.

Analizando las imágenes que me envía Miguel de Azul gaviota, su próxima individual en DiGallery, observo esa misma preocupación. Su forma de poner la pintura es afectuosa, podría ser un poema de amor por enviar, pero con la disciplina férrea que conlleva cualquier ejercicio de superación. Si observan bien apreciarán contención en la manera de cubrir el soporte, de preferir la parquedad, que interpreto como su forma de aproximarse a lo esencial, resultando un trabajo hondo de condición silenciosa y espiritual.

Traduciendo al alemán Azul gaviota soy capaz de sentir ese concepto de lejanía, también la infancia, y viendo estas nuevas pinturas donde aparecen personajes sin tiempo, jardines románticos o sus emblemas de antiguas culturas, comprendo su afán por hollar lo que le falta, invocando en su pintura lo venidero, el allí de todas las cosas.

Texto de Neo Rauch que aparece originalmente en el catálogo Azul gaviota de Miguel Gómez Losada para la exposición homónima en DiGallery. (Gracias Rosa Loy & Neo Rauch)

16/8/2023

◆ ◆ ◆

EL ACABADO

La fotografía es ya la superimagen, ocupa las redes con sus filtros de mejoría y la Inteligencia Artificial. No deja espacio para la interpretación. Son imágenes de una sola lectura, informativas, propaganda del yo. Ante este panorama la pintura debe resignificarse: propongo deshacer la forma, dar lugar a la zona inútil, al borrón y a toda suerte de orillas que no representen nada, propiciando zonas de misterio, lo poético.

Que la pintura deje visto lo hecho a mano, y que la obra, antes llamada inacabada, sea ahora la nueva imagen finalizada.

5/2/2024

◆ ◆ ◆

ENSEÑAR FANTASÍA

En la casa de campo con mi padre, el aire fresco:

1-Papá, me ha caído una gota.

-Es el pipí de los aviones.

2-Mira esa nube fijamente. Ahora te voy a tapar los ojos, cuando te los destape búscala.

-¡Ya no está!

7/11/2023

◆ ◆ ◆

GUIRIGAY

Convencido de que las ciudades con un canon estético, sea cual fuere, propician el surgimiento de artistas. La belleza, como la fealdad, es tierra fértil para el arte, y no tanto el guirigay.

4/11/2017

◆ ◆ ◆

CÓRDOBA

Sin calor no habría viajes imaginarios al norte, donde el goce del pensamiento es nacionalidad: ser del frío alemán, de las historias rusas o de un souvenir en la maleta de mi padre.

28/6/2017

◆ ◆ ◆

MÁLAGA

En el Bar El Pescaíto, a la espalda de La Hermandad de Nuestro Padre Jesús de la Misericordia y María Santísima del Gran Poder, boquerones y pinchos de atún. Por la ventana de la iglesia suenan cánticos cristianos, mi novia dice que la pandereta le transporta a tiempos remotos, a la Edad Media. Es la hora de los vencejos y siento un golpe de amor.

9/6/2015

◆ ◆ ◆

HUELIN

Hoy hemos vuelto a la Playa de San Andrés y nos hemos dado cuenta de que es muy importante poner siempre la sombrilla y las toallas en la misma parcela de arena. De una vez para otra se forman relaciones vecinales y surgen agradables conversaciones.

9/7/2015

◆ ◆ ◆

BAR LA JARA, SEVILLA

Aquí le gusta el fútbol a hombres y mujeres por igual, ha sonado un gol con timbre de ángeles que escucho como una señal: la humanidad debe permanecer mezclada.

12/ 3/2016

◆ ◆ ◆

INMA

En el Bar Goles entra un vecino y cuenta que otro se ha muerto. La dueña pregunta lo que de verdad importa: cuánto tiempo ha estado malo.

30/12/ 2019

◆ ◆ ◆

LIBERTAD TOTAL

La pintura es ficción, supuesto, imaginación, cuento, película, historia fabulosa, mitología. Queda libre de censura.

2/11/2018

◆ ◆ ◆

LOBSANG RAMPA

Si imaginar es pensar cosas lejos de mí, ¿no estoy escapando de mi cuerpo? ¿Acaso no es magia este volar?

18/9/2014

◆ ◆ ◆

PINTURA RELIGIOSA

El arte es hambre de paraíso en la tierra, inventa una religión y pinta a imagen y semejanza de Dios.

12/2/2015

◆ ◆ ◆

RELIGIÓN PERSONAL

No se trata de pintar bien sino de tener un ideal pictórico, el cual hay que imaginar. La pintura es un rezo que nadie te puede enseñar.

27/8/2017

◆ ◆ ◆

SOY CREYENTE

Artista creyente, no renuncies a tu inclinación. A un buen número de personas del arte, aun siendo el terreno de la libertad, les va a costar entender que seas religioso. Si intuyes algo sobrenatural y sientes un deseo de búsqueda, ya sea subiendo montañas, leyendo libros sagrados, yendo a misa o mediante cualquier otro rito, vívelo con la misma libertad de expresión que los que no creen. Entiende que se escandalicen, pero no aceptes sus tabúes ni sus bozales. Te preguntas por el contorno del mundo, lo que cae a extramuros del hombre, lo que aún no está dado. La contemporaneidad es tuya: vas asomado al futuro atento a la señal.

12/2/2015

◆ ◆ ◆

EL BRAZO INFINITO

Lo que más me cuesta pintar de la figura humana son los brazos, cómo ponerlos para expresar lo ilimitado. No valdría el brazo de Colón señalando tierra, lo que busco está mucho más allá.

24/12/2018

◆ ◆ ◆

RITMO JUVENTUD

La pintura devuelve el asombro, retrasa el envejecimiento.

5/12/2013

◆ ◆ ◆

DESCUBRE Y OFRECE

Pintar conlleva una excitación del ánimo, en la medida que la pincelada –ese gesto que avanza–, significa incertidumbre, rebasar el umbral hacia lo desconocido. La pincelada es virgen, contiene la primera mirada, nos coloca en lo nuevo. El pintor te da lo que ve, el fruto de «su hollar», y por esto hay que estarle agradecido.

16/3/2009

◆ ◆ ◆

ACTIVISMO POLÍTICO

Mirar un cuadro nos ayuda a imaginar. Esto nos hace libres. Así la pintura forma individuos con el alma inviolable, esto es la dignidad.

10/6/2019

◆ ◆ ◆

AFICIÓN

La cultura de un pueblo se mide por su capacidad de sostener en el tiempo a sus artistas.

28/9/2015

◆ ◆ ◆

LAS CARAS GUAPAS

Un galerista con el que trabajé me llegó a decir que por qué no pintaba las caras guapas. También me dijo que por qué no le pintaba los ojos. Le dije que los ojos abiertos miran aquí, y que mis personajes miran allí, o no miran nada, esperan. En esas ocasiones me sentía desamparado. Se supone que mi galerista debía saber a qué tipo de artista representaba para contar mi poética a sus clientes, pero no lo sabía. Al cabo de unos días me llamó por teléfono para preguntarme, de forma sibilinamente acusadora, que por qué creía yo que no se vendían mis cuadros. En ese instante supe que no tendríamos futuro. Busqué la salida, sobretodo para no enfermar. En mis paseos solitarios por La Elipa sanaba inventando pareados: No soy un dibujante de manga japonés / ni un publicista del Corte Inglés. Creo en una pintura silenciosa, honda, en la belleza de la contención, en las historias inacabadas, en lo que no se ve, a lo que no llego. La pintura es el ramaje que tapa el filo del precipicio. La pintura es lo que va por delante de la comprensión.

6/5/2018

◆ ◆ ◆

JUEGA CONMIGO

La creatividad nace de la soledad. Mi gato inventa un amigo para jugar.

5/9/2016

◆ ◆ ◆

SUSPENDÍ PINTURA MURAL

El profesor José Antonio García Ruíz me dijo: «Vete a ver un fresco que hay en el N°18 de la calle Marqués de Paradas (Sevilla) y estúdiatelo para septiembre»

Fui a verlo y me pareció demodé, ese año yo miraba a Matisse y aquel mural no me servía. Aprobé de todas formas y olvidé el episodio. Eso sí, supe desde entonces que un mural no se pinta como un cuadro, importa lo que le rodea, es un cruce de la pintura con la arquitectura porque se pinta en el muro. Esta mañana he vuelto para verlo con luz de día nublado y me ha parecido maravilloso. Hay pintado un navío y personajes de época, ningún motivo de ahora. Comprendí entonces que la pintura histórica siempre es contemporánea porque se pinta en el presente. Que Borges escenificaba sus cuentos en el pasado. Que Raoul Dufy y Peter Doig vistieron a sus personajes con ropa de otro siglo y que si en el cine es normal este salto de tiempo debemos entender como actual la «pintura de época». Juan Miguel Sánchez (1900-1973) fue profesor de mi profesor de pintura mural. Sugiero la obra del portal que digo (1969) y su trabajo más notable, los frescos de la Estación de Autobuses de Sevilla (1941). Todo afluye a lo mismo, la pintura pertenece a un superplano donde la excelencia vence al paso de los días y a la muerte. Lo especial sobrevive.

4/12/2016

◆ ◆ ◆

HACER SEÑALES

El mercado separa el dibujo de la pintura, yo veo un solo modo, el registro a mano.

20/6/2019

◆ ◆ ◆

EL MOVIMIENTO SUPREMO

Si la condición del animal águila es cruzar el viento con eficacia, o la del animal lobo, la nieve, y sentimos que este movimiento supremo de los distintos seres anima el latido del mundo y procura su esplendor, la condición del animal hombre no sería otra que hacer las cosas bien.

7/1/2018

◆ ◆ ◆

VIVO EN UNA CUADRA

Mi mente está cambiando desde que duermo con animales. He comprendido que todos los seres son capaces de mejorar y de empeorar. Ya no compro carne. Ya no piso cucarachas a mi paso, sino que las rodeo. Y si me visitan las hormigas les marco otra ruta con la miga de pan que las atrae. El lema es «cuido hasta donde veo», quedando fuera de mi radio las bacterias y otros seres ínfimos de la Creación. Para los humanos y las plantas, igual, y si alguna criatura con vocación de molestar se me aproximara distrayéndose del recto sentido de la natura, pondría en práctica el respeto, que es distancia, haciéndome a un lado en la espesura.

1/5/2019

◆ ◆ ◆

LA TRADICIÓN PIENSA POR TI

La muchedumbre puede legitimar obscenidades en nombre de la devoción. Es común escuchar que los caballos del Rocío no sufren, tampoco los que pasean a los turistas, o que los toros no sienten dolor. La tradición tiene un solo mandamiento: Siempre ha sido así. Yo tengo otro: Si la tradición duele, está mal. La diversión con animales tiene que ser recíproca. Cualquier modalidad de ocio a costa de los animales es una tiranía. No hace falta ser animalista ni afiliarse a ningún grupo político para darse cuenta. Lo sé porque Chica duerme sobre mi mano y noto su corazón, un corazón de mamífero como el mío.

6/10/2019

◆ ◆ ◆

HE SENTIDO UN CLIC

Espectáculos ecuestres, carreras de caballos, el polo, la doma, carrozas, enganches, paseos en camello, burros taxi, posar con loros y monos para la foto, todo tipo de turismo animal, ruedas de ponis, circos con leones, osos y tigres, ferias medievales con águilas atadas y encapuchadas, romerías con animales, delfinarios, canódromos, concursos caninos, zoológicos, pajareras, así como los Sanfermines y todo tipo de encierros, tirar animales desde campanarios, el toreo y las cacerías, son degradantes. Esclavizar animales para el espectáculo, matarlos por deporte, en nombre del arte o de la tradición, son prácticas prepotentes y anticuadas. El daño no puede divertir.

30/6/2014

◆ ◆ ◆

PINTURA DE AMOR

¿Hay algo más bello que unas gallinas al abrigo de un caballo?

26/1/2013

◆ ◆ ◆

PERRO DIOS

Si pretende usted regalar un animal por Reyes explíquele a quien lo reciba que no se trata de un juguete: tendrá que darle comida, agua fresca y amor hasta su muerte. La longevidad de los perros y de los gatos puede superar los quince años. Se aconseja también no comprarlo, comerciar con seres vivos recuerda a la esclavitud. Mejor adopte. Hay cientos de criaturas deprimidas por abandono esperando amar. También revísese la pretensión de ascender en la escala social acompañándose de un «pura sangre». No hay razas superiores, amplíe pues su canon de belleza. Recuerde que todas las bestias son dioses, que estén cruzadas no resta su condición divina, se descubre esto en los ojos, en la prodigiosa sensibilidad de su hocico y cuando duermen.

29/12/2018

◆ ◆ ◆

LEY

Facilitar la respiración a todo ser a nuestro alcance. Si fastidias la dificultas.

8/2/2019

◆ ◆ ◆

COMPROMISO

El arte te permite seguir jugando, y este movimiento alegre es su función social. Cada obra hecha con amor indica por dónde salir de las espirales del odio.

1/5/2017

◆ ◆ ◆

BAUTISMO

Al cabo de un tiempo mirando la vida desde la pintura se produce un bautismo, un paso al otro lado, quedando atrás el murmullo, un sordo murmullo.

20/11/2017

◆ ◆ ◆

ACTORAL

La pintura es ficción. La imagen que contiene es una suma de gestos, por tanto, es actuada.

26/12/2017

◆ ◆ ◆

SABER PARAR

Toda la buena pintura tiene un denominador común, el artista supo parar de pintar a tiempo. Deduzco entonces que la maestría tiene mucho que ver con decir la idea y callar, clavarse ahí.

27/10/2017

◆ ◆ ◆

TERRENO DE JUEGO

Observa cómo se desplazan por el campo los mejores futbolistas y mira cuántos golpes de balón dan para cruzarlo. Valora el toque, mira en el cuadro si el pintor ha jugado bien.

13/2/2015

◆ ◆ ◆

ESTÉTICA AVANZADA

No se dice fealdad sino nueva belleza.

9/8/2019

◆ ◆ ◆

TRES APRENDIZAJES

He tenido la suerte de crecer viendo cuadros en las paredes. Gracias a mi padre comprendí que no siempre estuvieron ahí, había que hacerlos, y que solo había una manera: toque a toque. Esto me enseñó el esfuerzo y la paciencia. El segundo aprendizaje fue que, entre las cosas hechas a mano, la pintura es la cosa suprema. Por último, dibujar en su mesa, la mesa donde a él le salían las cosas bien y a mí mal, llevaba implícita un tutorial de superación, pero también de admiración y respeto.

15/5/2020

◆ ◆ ◆

PINTURA SIN MAQUILLAJE

Cuando un cuadro es demasiado presumido el espectador no puede aportarle nada. Debe estar algo malquerido, tener zonas de hambre libres de significado para que quien mira pueda poner algo de sí, sintiéndose partícipe de esa relación y la obra se pueda amar.

26/11/2018

◆ ◆ ◆

TÍTULOS PARA CUADROS

La espada de D'Artagnan
Organic sunshine
Amanecer Fuengirola
Campanas, los cipreses
Verbena limonera
Escondimos una peseta en los riscos
Soldados conmovidos por el atardecer
Campo de trigo
Soy marino mercante

Invierno forestal
Verano suave prolongado
Montes y valles

Por el alto del campillu
Ritmo juventud
Danzas y melodías
Jambo Caribe
Amaretto Sunset
Adonde miro veo amor
Hotel Gran Sol
Veré de nuevo el sol
Juntos cantando
Las aventuras del niño pelo choza
Cóctel para dos
Esquí terminal

Trans Alpine
Miramar
Segunda floración
Lenguaje musical melódico
Un pueblo marinero
Brumas marineras
Ven conmigo
Estoy aquí
Canción de amor
Suave descenso
En la puerta de tu casa
Por primera vez te canto

Tengo un novio marinero
Danza campesina
Navidad en el valle

El barquito velero
Cuando caiga el sol
Romance del campesino
Paseo campestre
Noche musical
Romances y coplas
Un cascabel emocionante
Tomemos un licor
Una mesa para dos

Abril en Portugal
Tú y yo
Has llegado estás en casa
Qué alegría cuando me dijeron
Salón Comedor
In the night
Gente joven
Cantos regionales
Por favor, un Chivas Regal
Ponle flores
Un variadito
En medio del olivar

A Belén pastores
Misa del Gallo
¡Qué bonita eres!
Soy un hombre del campo
Vista del monumento iluminado
Noche de villancicos
A la sombra del chaparro
¿Tomamos el aperitivo?
Una noche para recordar
Piscina municipal

Almuerzo en el pinar
Elegantes zapatos de tacón para la noche

Atardecer en cubierta
Cuántas ilusiones puestas
Mambo mágico
Bermuda nights
Por favor, una mesa junto a la ventana
Ladera night
Lanza jabalina
Palo Tambor
Viaje feliz
Panorámica sentimental
Ritmo y melodía
Llévame a Brasil

Una fantasía bailable
Descansan las gaviotas en mi lomo
Una espiga dorada por el sol
Tengo un gozo en el alma
Ya de noche
Brisa do mar
Hicimos noche en el camino
Teatro Bergman
Buen pastor
Solanera
Mujer esperando
Mujer enamorada

Mujer pensativa
Pescador
Mi novia es campesina
En mitad del campo

Tiempo de labranza
Alpina
Noche blanca
La casilla del viento
La luz brilla en la montaña
Junto al arroyo
La esperanza
Noche de invierno

Entonces se levanta viento
Pajarillo mío
Edelweiss
Las nubes más altas
Brilla el mar
Dios es el sol
Fiesta de la vendimia
Alegre alabanza
Ofertorio
El rosal de tres palacios
Quedémonos juntos
Pardalcito

Te conocí
Danza teatro
Romanza danza
Gorrioncillo pecho amarillo
Rumba Santiago
Viento de verano
Tragedia Ballet
Hotel Riazor
¿Se puede pasar al comedor?
Romance anónimo
Noches en los jardines de España
Doce nuevas lunas aparecen

Una noche especial
Cantiga de Portugal
Vida campesina
Vacaciones en Portugal
Hemos visto una estrella
Clara luz del día
Desde una loma del sendero
Rapsodia de cristal
El estornino hace píu
Agua del cielo
Montañas de montañas
Recorda Me

Music sounds affair
Solamente piano
Galante Romanze
Pinto en permanente ensoñación amorosa
Himno del Universo
Las actividades agrarias de nuestra tierra
El pastor de los campos
Country music valor
El acorde de las esferas
Orbital
Solar de Alcántara
Ancho campo

Comedia ballet
El madroñal
O Palacio
Noca Nuno
Lamentaciones
Los gatos a bailar
Flor de la montaña

El canto del cisne negro
Zodiac
El contorno
Los frutos del mar
Noche de circo

Solar halo
Mont Blanc
Viento norte
La lluvia riega las tierras cultivadas
Vendrá la luz y lucirá
Piano solo
Agrupación musical
Suite Roma
Mixto Lobo
Campanas sobre campanas
Teatro musical
Coro juvenil de campanilleros. Preciosas Navidades.

◆ ◆ ◆

LA VOZ DEL MUNDO

Nos morimos, lo sé porque la carne de la cara se abaja buscando la tierra. ¿Escuchas bien alto la voz del mundo diciendo? ve crecer, entrega paz, vive alegrando.

6/5/2019

◆ ◆ ◆

MIRA ESTO

No me fijo en lo que está sobrevalorado, prefiero avisar de las cosas valiosas que pasan desapercibidas.

3/4/2017

◆ ◆ ◆

MIS PADRES

Posaba para mi padre en la Sierra de Córdoba. Me decía: «Ponte así». Sin yo saberlo me estaba transfiriendo su código estético. Luego en casa mi madre me hablaría de la lluvia bajando la voz a tono de confidencia: «el verde». Supe así que la cultura se transmite por afecto y que les debo mi comportamiento.

2/4/2017

◆ ◆ ◆

ORÍN

No hay que afanarse en encontrar una parcela libre de estilo y ocuparla, orinar los lindes para que los demás sepan que eres tú, sino entender que la personalidad es la suma de las cosas que te gustan, incluso el hilo de los descartes. No es necesario pensar una marca cuando das poder a tus inclinaciones.

21/3/2017

◆ ◆ ◆

COMPRAR PINTURA

Cuando alguien compra un cuadro no solo obtiene el cuadro, también pasa a ser mecenas del artista: prolonga su carrera ayudándole en sus gastos para vivir y en hacer realidad su obra venidera.

7/2/2016

◆ ◆ ◆

¡ERES UNA VIDA!

Nos acostumbramos a existir. Pero hay algunos humanos inteligentes que cuando ven al prójimo moviéndose le dicen: «¡Eres una vida!».

6/2/2020

◆ ◆ ◆

DOS VARIANTES

Odiar te engancha a la persona odiada. La libertad necesita reconciliación.

Odiar te afea la cara. La belleza necesita reconciliación.

12 /5/ 2017

◆ ◆ ◆

EL PENSAMIENTO SUPERIOR

El amor romántico no necesita correspondencia. Es pensamiento, belleza en soledad.

14/10/2017

◆ ◆ ◆

PINTOR JABALÍ

Dicen que se pinta con las ideas y también que el cuadro es una reflexión. Desde luego yo prefiero que la pintura no sea deliberadamente un ejercicio de pensamiento. Que pintar no sea una alternativa a la palabra para llegar después de un sinfín de colores al mismo sitio donde llega la palabra. Hay que ser culto, pero no se debe notar, tampoco la intención de hacer metáforas. En pintura, la poesía debe ser oblicua. No hay nada más vulgar que ser deliberadamente poético. Prefiero los pintores que pintan con los gustos. La pintura es lo que queda de ir fijando la vista, la huella del cojeo, adonde el pintor se inclina. La pintura es el revolcón del jabalí.

24/5/2016

◆ ◆ ◆

PINTURA DE AUTOR

No pintes lo que tu público espera de ti o conseguirás que sea tu público quien te pinte los cuadros. El artista eres tú. Los seguidores cultivados estarán deseando ver tus nuevas creaciones. Los buenos galeristas apostarán por la pintura de autor.

25/6/2015

◆ ◆ ◆

EL CONTORNO DEL HABLA

Pintar de manera que cueste referir el cuadro, concibiendo la imagen en el borde de las palabras. Desde ahí se ve lo nuevo.

19/4/2020

◆ ◆ ◆

PINTAR CON ACENTO

Dar pinceladas, decir palabras, son actos que se organizan sobre la marcha, poniendo en el soporte una carga de pintura después de otra, en el aire una sílaba y la que viene a continuación. Si la definición de la pintura atiende a esta concatenación de signos habría que poner la atención en el modo de hablar, en el timbre, qué acento tiene la charla pictórica y cómo es la pronunciación.

Si aceptamos entonces que la pintura es un registro más que una captura, pintar bien sería tener inteligencia para el acierto consecutivo, pero sobre todo aceptar como virtud la combinatoria de titubeos, desvíos y tropiezos en el avance de la pincelada.

2/12/2013

◆ ◆ ◆

DIEZ ELEPÉS

-Cameo – Single life (1985)
-Mtume – You, me and he (1984)
-SOS Band – Sands of time (1986)
-Alexander O'Neal – Alexander O´Neal (1985)
-Loose Ends – Zagora (1986)
-Kurtis Blow – Ego trip (1984)
-Earth, Wind & Fire – I am (1979)
-Lonnie Liston Smith – Visions of a new world (1975)
-Donald Byrd – Places and spaces (1975)
-Stevie Wonder – Songs in the key of life (1976)

24/07/2021

◆ ◆ ◆

Este diario terminó de escribirse en Villar del Ala, Soria.

16/8/2021

◆ ◆ ◆

CURRÍCULUM VITAE

Miguel Gómez Losada, Córdoba, España, 1967. Licenciado en Bellas Artes en la especialidad de pintura por la Universidad de Sevilla, 1992. Vive y trabaja en Sevilla.

EXPOSICIONES INDIVIDUALES

2023: *Azul gaviota* - Di Gallery, Sevilla

¿Se ve el bulevar? - Galería Luisa Pita, Santiago de Compostela

2022: *Tú y yo, sehnsucht.* Diputación de Córdoba/ Fundación Botí.

2021: *España y Portugal.* Galería Birimbao, Sevilla

2020: *Todo florece.* Galería Espacio 0, Huelva.

2019: *Escandinavia.* Galería Birimbao, Sevilla.

2018: *Romanza.* CAC Málaga.

2017: *Desde aquí se ven los delfines*. Fundación Antonio Gala, Córdoba.

2016: *Palo Tambor*, Galería Yusto/Giner, Marbella.

2014: *Una historia rusa*, Galería Yusto / Giner, Marbella.

2012: *Ensamble* [Con Juan Serrano]. Facultad de Filosofía y Letras de Córdoba.

2011: *Atlas Nocturna*, Mural en la Facultad de Filosofía y Letras de Córdoba. 20 x 2,6 x 6 m.

Te recuerdo al sol. Aba Art, Ibiza.

2010: *Visiones de un nuevo mundo / primeras flores y otras hierbas / el frío, las estrellas*. Aba Art, Palma de Mallorca.

2008: *La esperanza*. Galería Carmen del Campo, Córdoba.

2007: *Invierno*. Intervención en El Patio del Colegio de Arquitectos de Córdoba

Por favor pisen las flores. Intervención urbana (con Rosa Colmenarejo), CDAN, Huesca

Ártica. Intervención urbana en la Pza. de Las Tendillas de Córdoba - Eutopía07

Detrás de la montaña. Galería José Pedraza. Montilla, Córdoba.

2006: *Geografía Reservada*. Galería La Fàbrica de Licors, Palma de Mallorca

2005: *Ciudad Jardín*. Galería Arte 21. Córdoba.

2003: *Árbol*. Galería Carme Espinet. Barcelona.

2002: *Tundra*. Diputación de Córdoba.

2001: *Tundra*. Galería Rayuela. Madrid.

1999: *Fecunda*. Galería Pilar Parra, Madrid

Paraíso. Galería Cobalto, Córdoba

1997: Galería José Pedraza, Montilla, Córdoba

1996: Ida. Galería Pilar Parra, Madrid

1995: Memoria. Galería Studio 52, Córdoba

1994: Corazón Negro, Madrid

1992: Bar Limbo, Córdoba

1990: Sala de la Cultura, Ayuntamiento de Obejo, Córdoba

EXPOSICIONES COLECTIVAS (SELECCIÓN)

2023: *Estampa*, Di Gallery

2020: *Mi casa*, Galería Álvaro Alcázar, Madrid.

2018: *Estampa*, Galería Yusto / Giner.

Paisaje, Entorno y contexto. Com. Juan Francisco Rueda. Museo de Genalguacil

World Neighbours, Colección CAC Málaga en Fund. Valentín de Madariaga, Sevilla

2017: *Estampa*. Galería Yusto / Giner.

Ochos, Diputación de Málaga.

2016: *Art Copenhagen*, Galería Yusto / Giner.

Estampa, Galería Yusto / Giner.

2015: *Foro Arte Cáceres*, Galería Yusto / Giner.

Art Marbella, Galería Yusto / Giner.

Estampa, Galería Yusto / Giner.

2014: Beca de creación, La Térmica, Málaga.

Folk. Arte Santander, Galería Yusto / Giner

Neighbours II, Colección permanente del CAC, Málaga.

2009: *La ternura del universo*, Sala La etiqueta me duele, Lucena.

2003: *Canciones pintadas* (con Yonka Zarco). La Gusa, Córdoba

2000: ARCO 2000. Galería Rayuela. Madrid.

1999: Galería Rayuela. Inauguración de temporada 1999-2000. Madrid.

1998: l Bienal Artes Plásticas, Diputación de Córdoba

1996: RipArte 2`96 Roma. Galería Nolde, Navacerrada

1995: Plurart`95, Murcia. Galería Rayuela, Madrid

Fuera de Foco, Jóvenes pintores cordobeses. Ayuntamiento de Córdoba comisariada por Ángel Luis Pérez Villén

APÉNDICE FOTOGRÁFICO

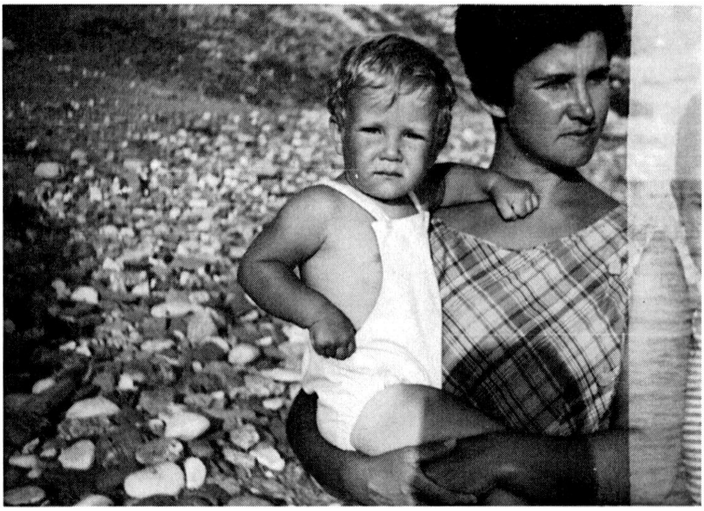

Con mi madre en Torrox, 1968.

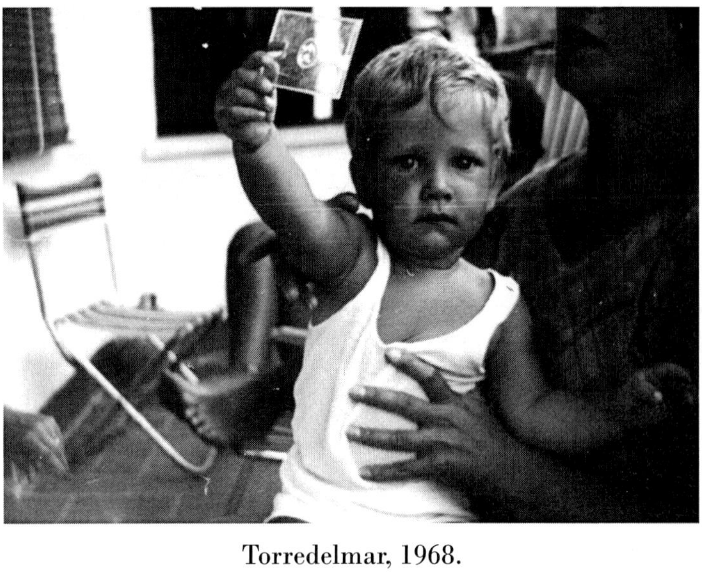

Torredelmar, 1968.

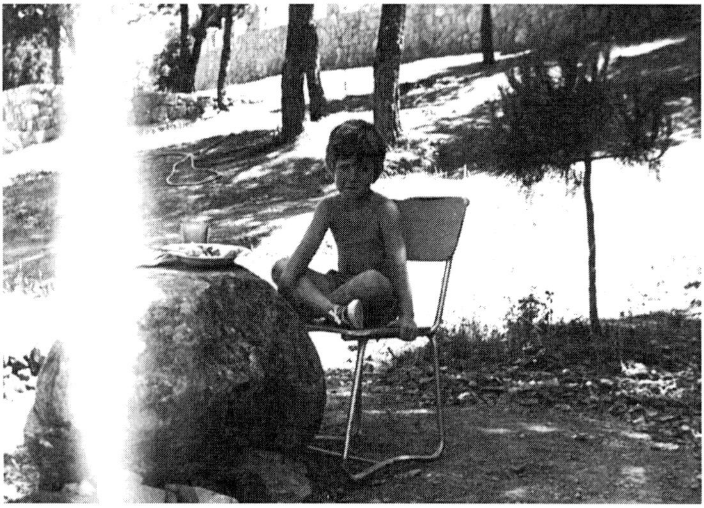

La piedra, junto al pozo. Chalet, Sierra de Córdoba. Octubre 1972.

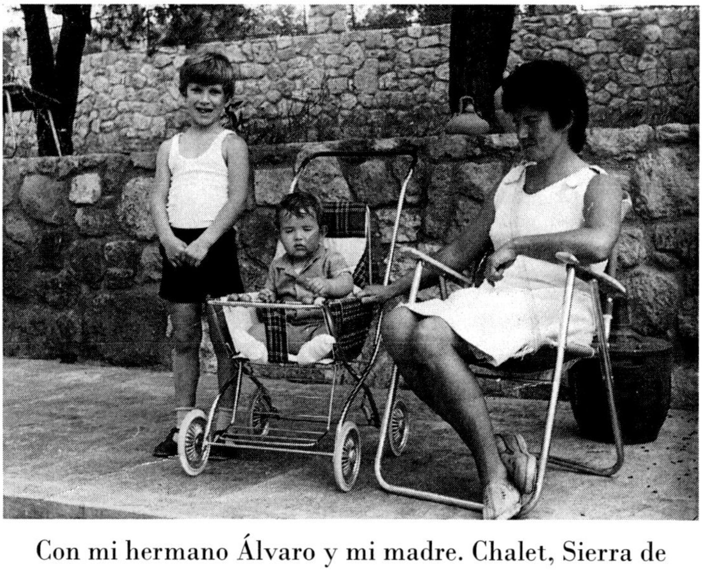

Con mi hermano Álvaro y mi madre. Chalet, Sierra de Córdoba, 1972.

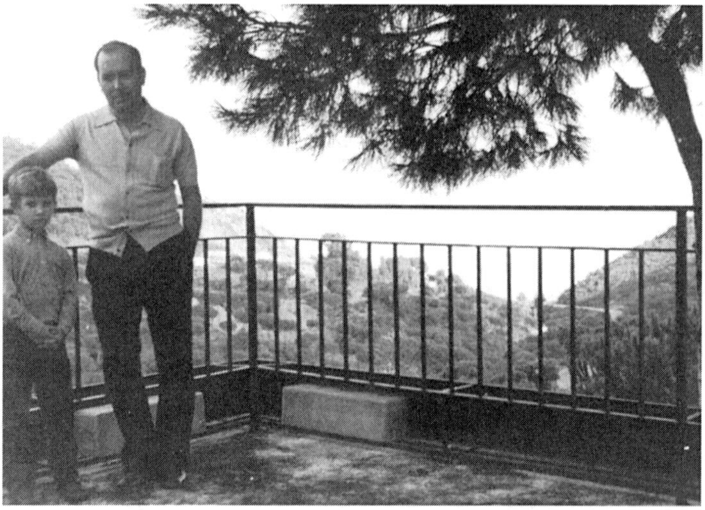

Con mi padre en la terraza del chalet. Sierra de Córdoba, octubre 1972.

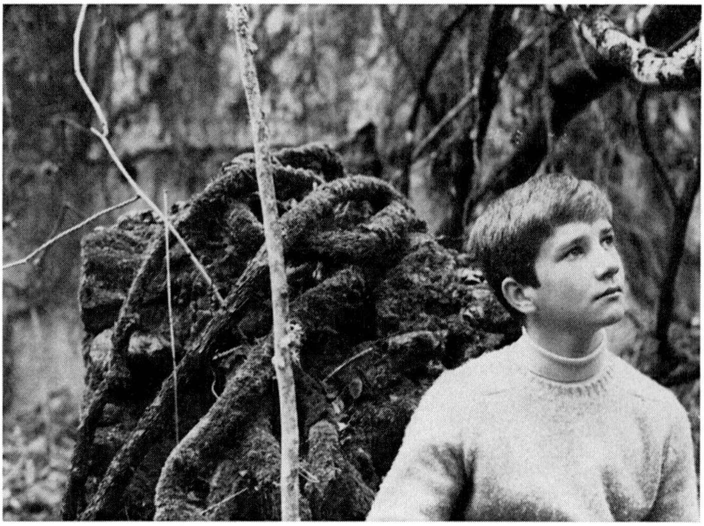

Posando para mi padre. Sierra de Córdoba, 1974.

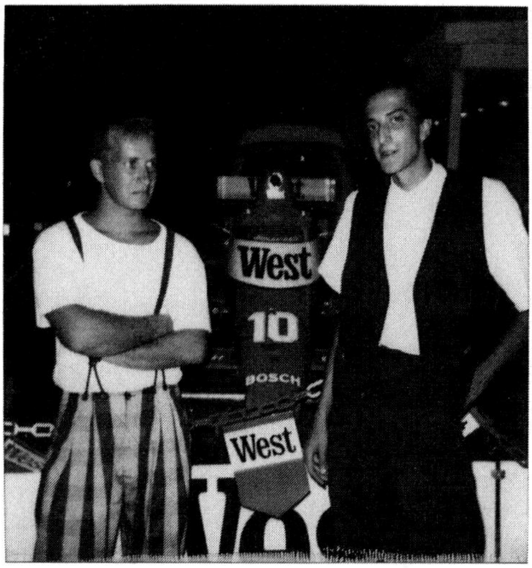

Discoteca Pomelo, Fuengirola, 1986,
con Ángel Ventura.

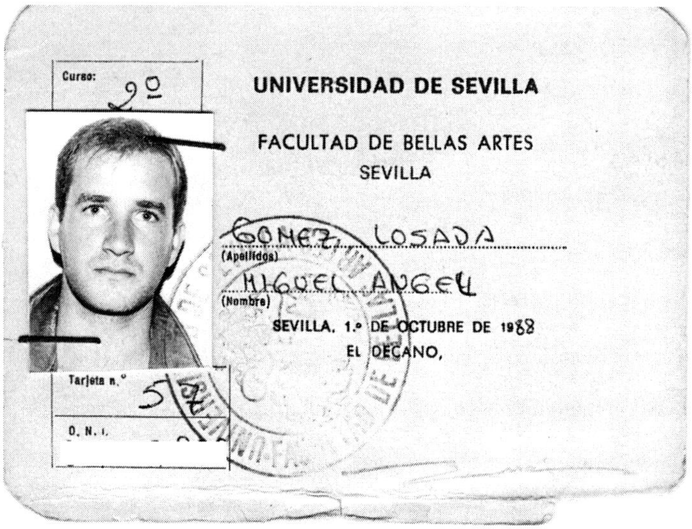
Curso: 2º

UNIVERSIDAD DE SEVILLA

FACULTAD DE BELLAS ARTES
SEVILLA

GOMEZ LOSADA
(Apellidos)

MIGUEL ANGEL
(Nombre)

SEVILLA, 1.º DE OCTUBRE DE 1988
EL DECANO,

Tarjeta n.º 5

D. N. I.

Carnet de la Facultad de Bellas Artes de Sevilla, 1988.

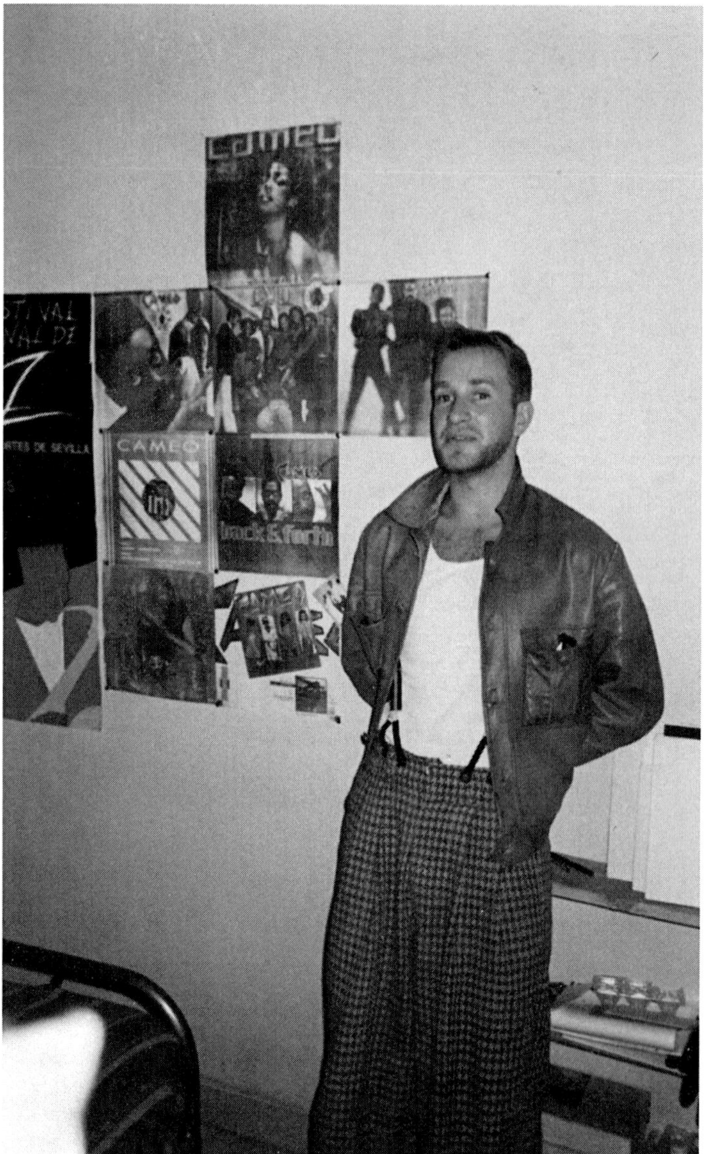

En el piso de Granada, 1988.

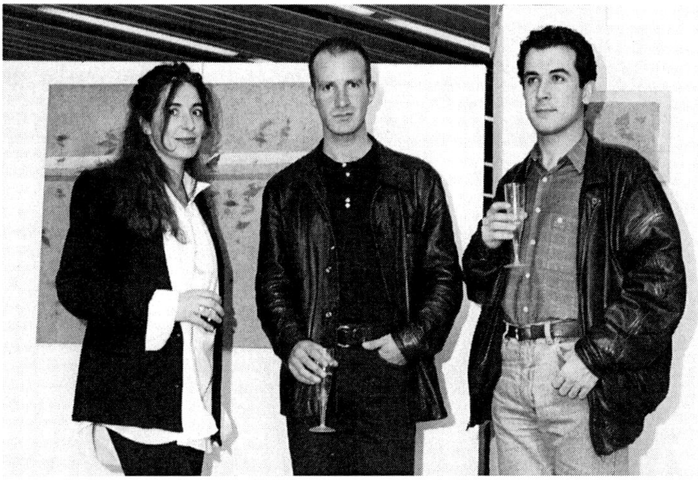

Con José Antonio Montano y Lola Pérez.
Mi primera colectiva en Madrid. Expo Salón´94.

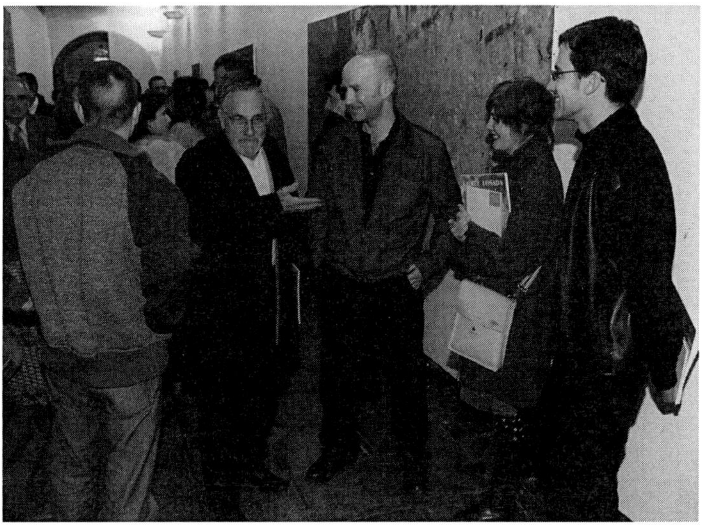

Inauguración de Tundra,
Diputación de Córdoba, 2001.

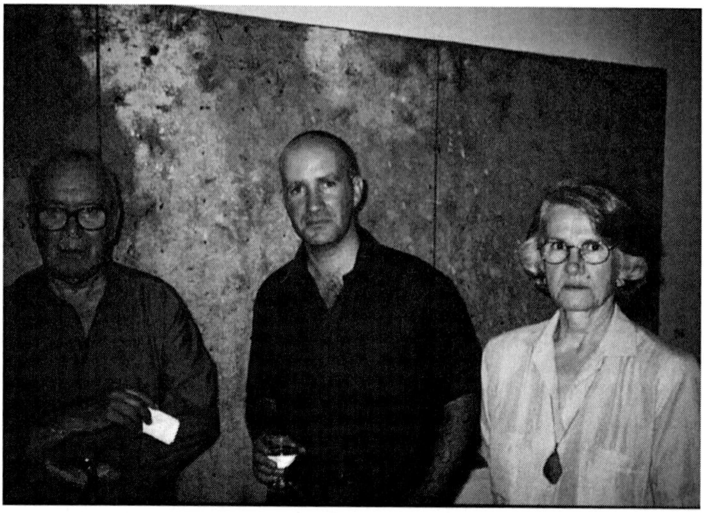

Tundra, con mis padres. Galería Rayuela, Madrid 2001.

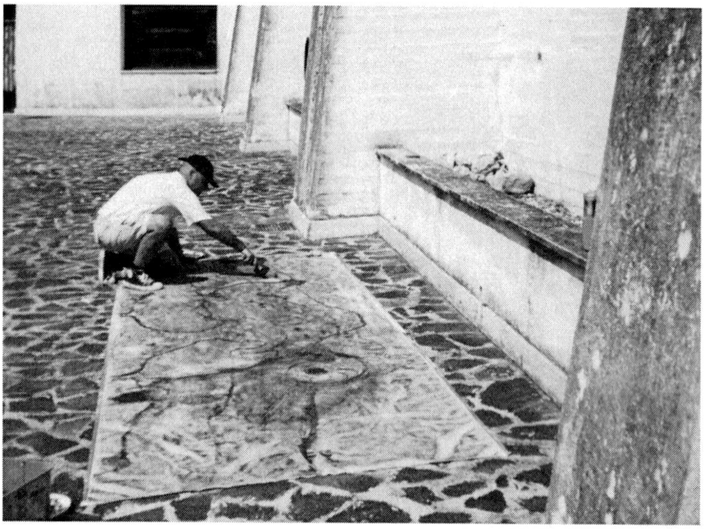

Calcando el suelo.
Mural en Corigliano de Otranto, Italia 2003.

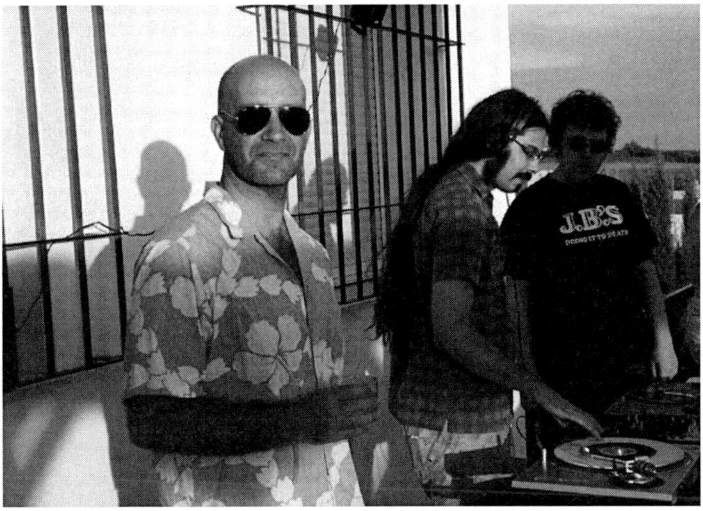

Con DavidDJ y Miguel A. Sutil (Enlacefunk) en la Mothership Pradera, 2008. Foto Manuel Gutiérrez Peña.

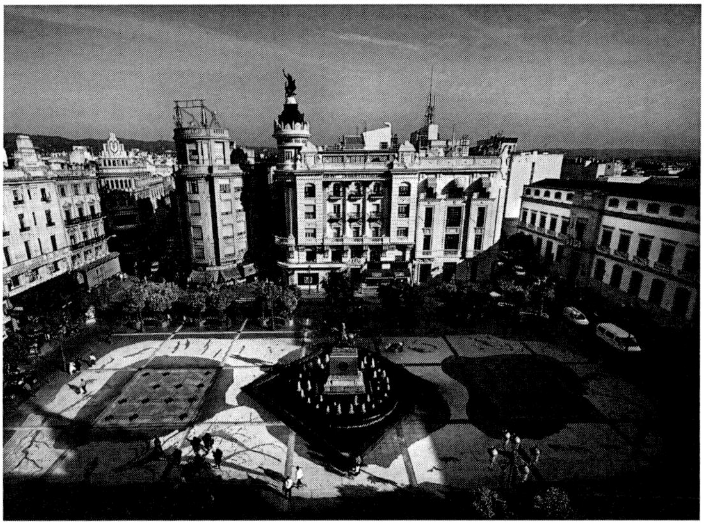

Ártica, 2007 Pza Las Tendillas, Córdoba.
Foto José Antonio Modelo.

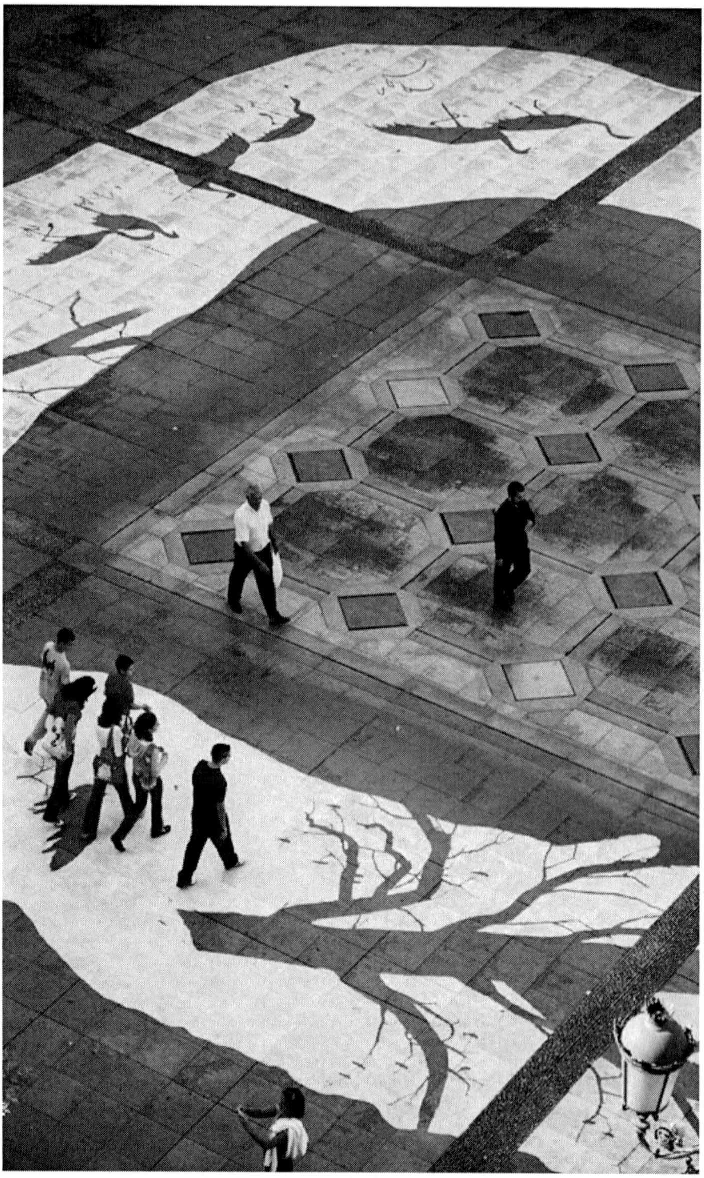

Ártica, 2007 Pza Las Tendillas, Córdoba.
Foto José Antonio Modelo.

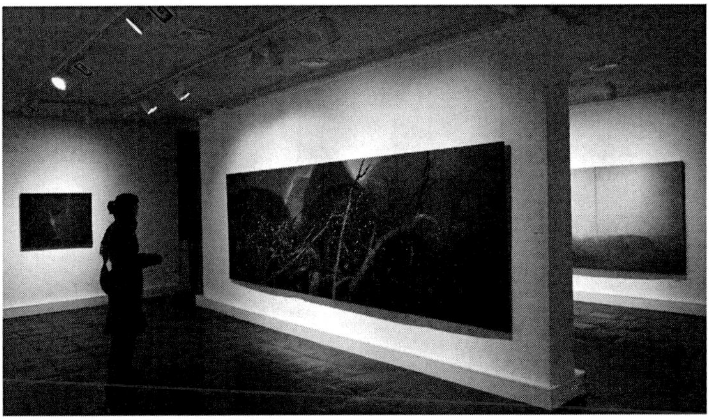

La Esperanza, 2008 Galería Carmen del Campo, Córdoba.

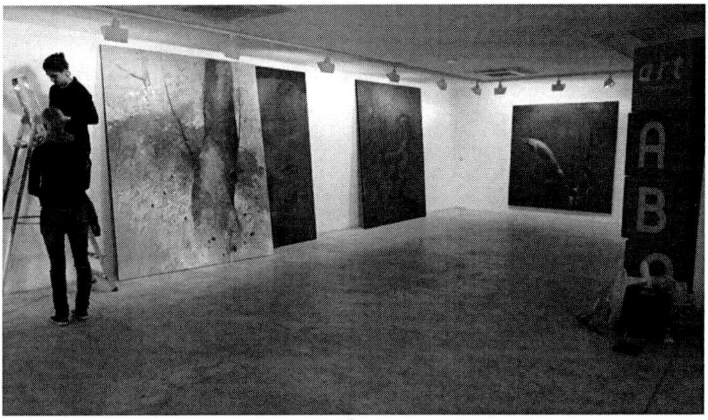

Montaje de Visiones de otro mundo, primeras flores y otras hierbas, el frío, las estrellas. 2009, Aba Art, Palma de Mallorca.

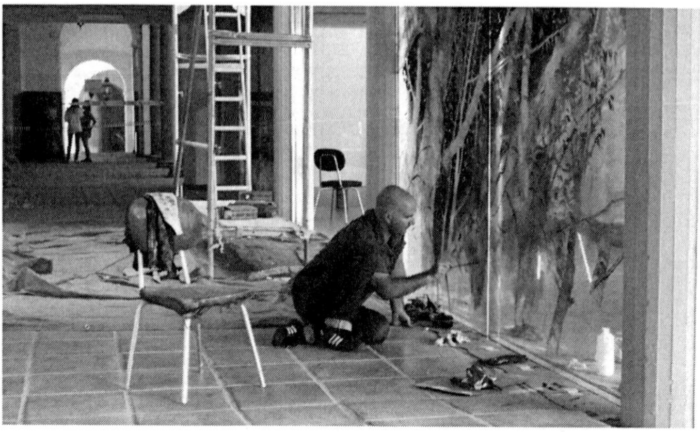

Atlas Nocturna, 2011 (proceso).

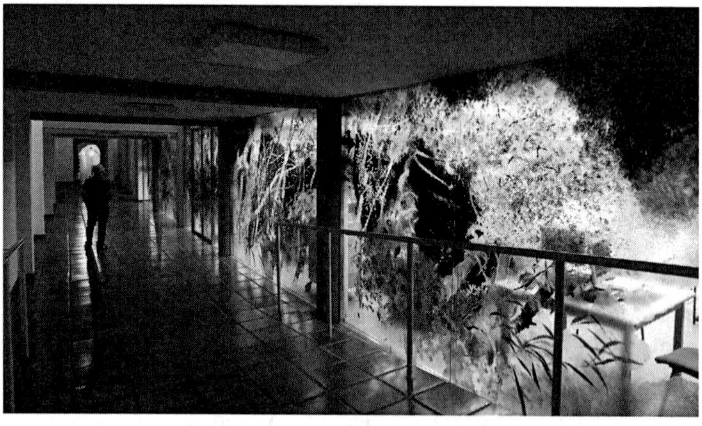

Atlas Nocturna, Mural en la Facultad de Filosofía y Letras de Córdoba, 2011. Foto Valerio Merino.

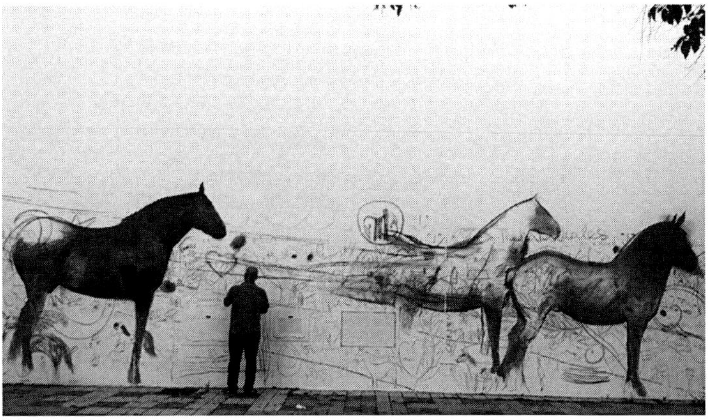

Mural colaborativo con Autismo Estepona, 2019.

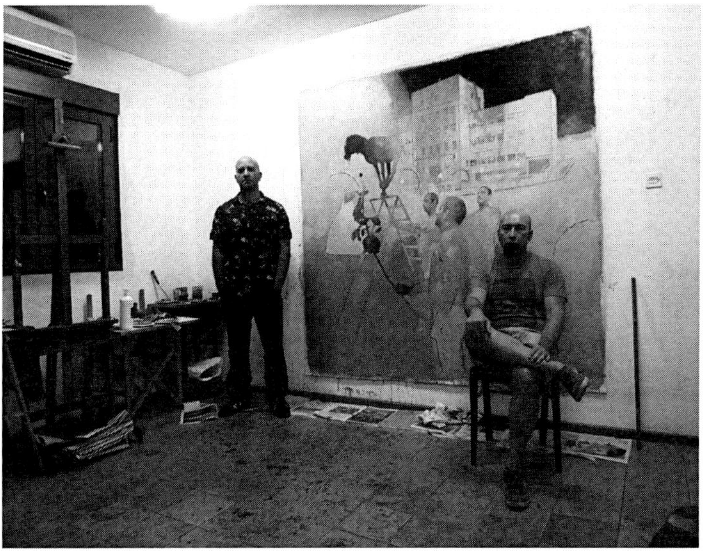

Estudio de Córdoba, con Manuel Garcés Blancart.
Detrás, Conjunto residencial 2012.

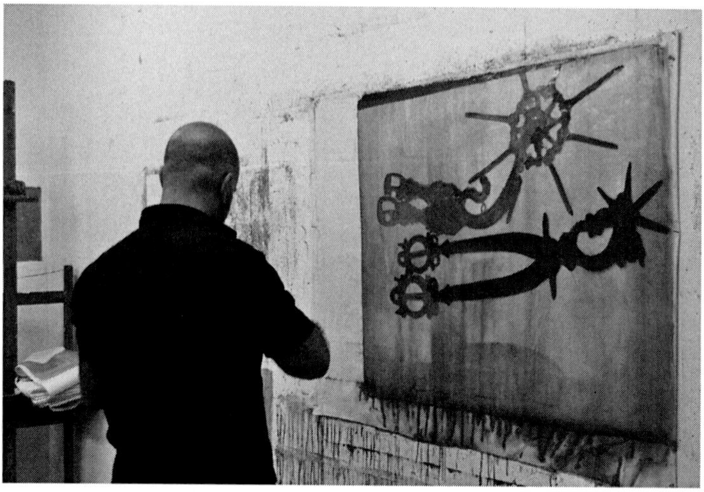

En el estudio de Córdoba, 2013.

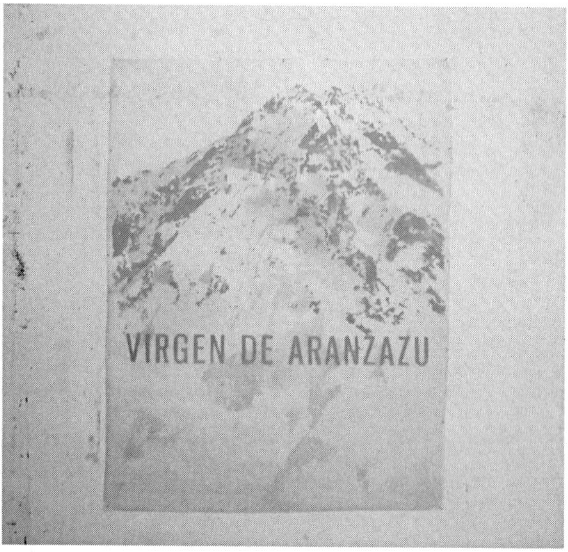

Estudio de Córdoba, 2013.

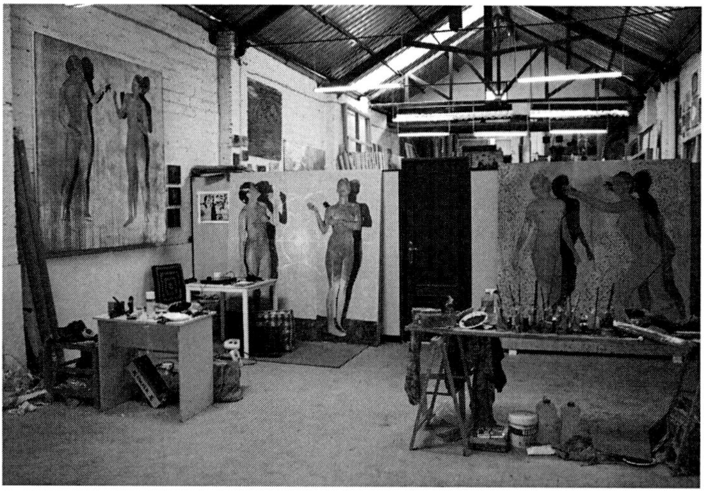

El Pelícano, 7, Estudio de Sevilla, 2016.

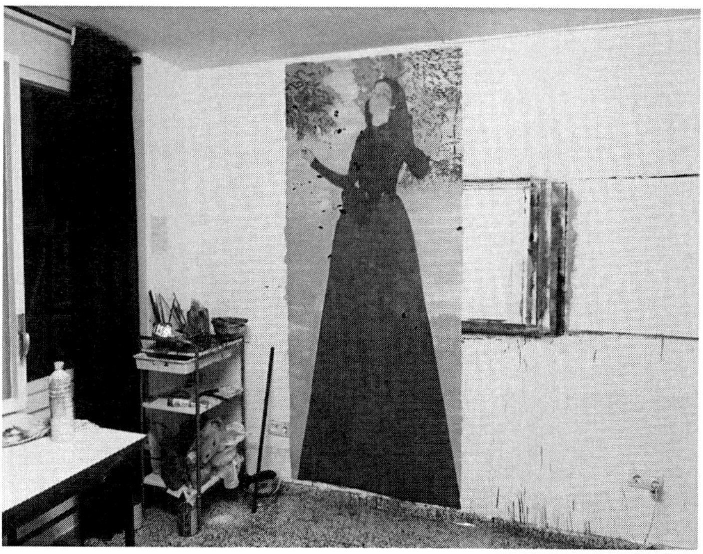

El estudio en Calle Cuarteles, Málaga. 2014.

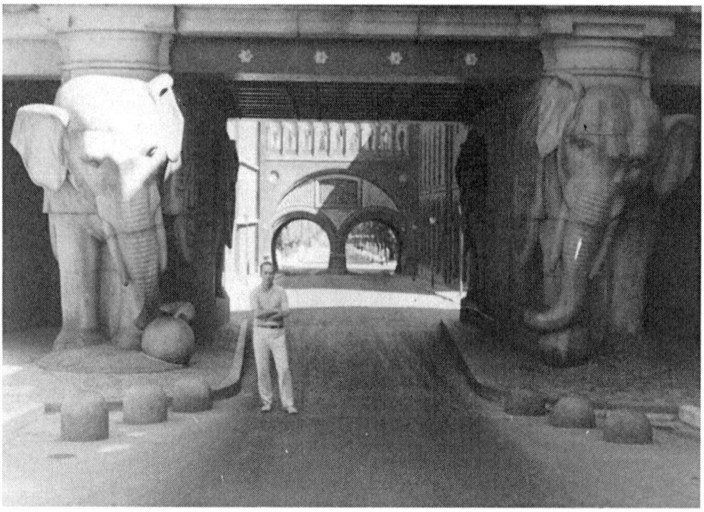

Mi padre, Copenague, 1969.

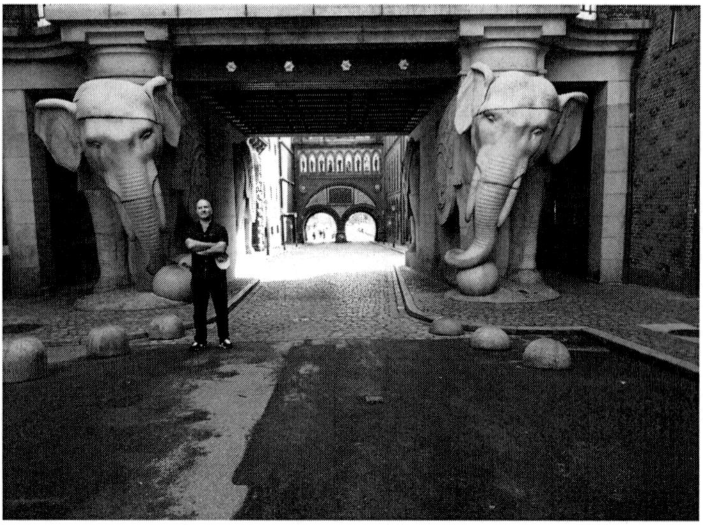

Posando en el mismo sitio que mi padre, 47 años después.

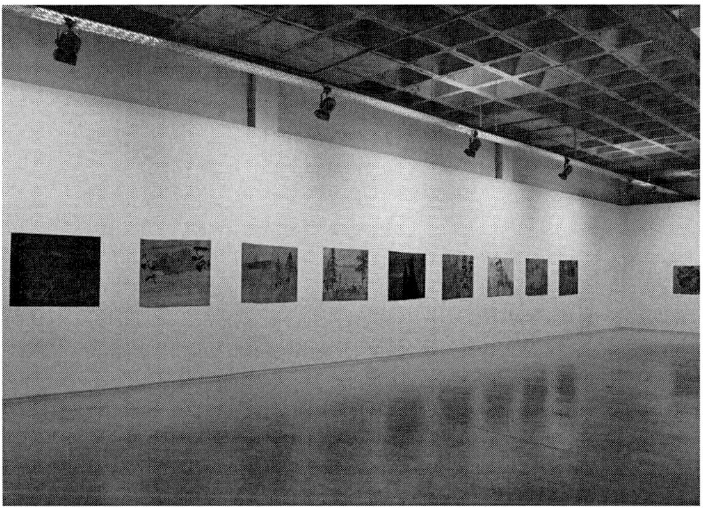

Vista de Una Historia Rusa, 2014
Galería Yusto-Giner. Marbella.

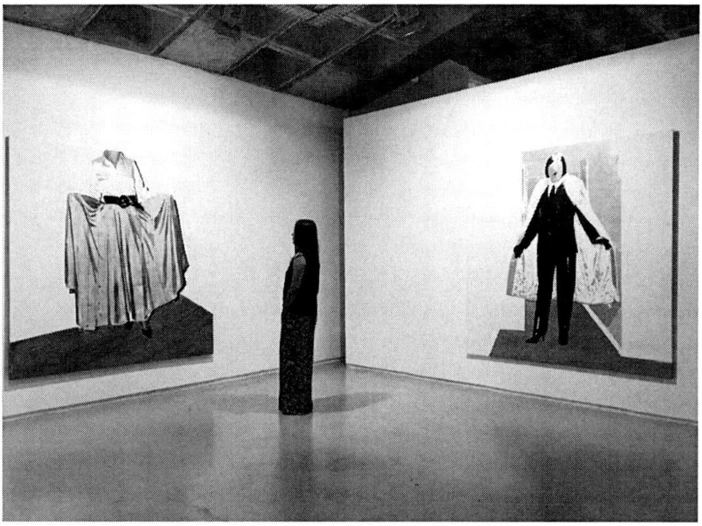

Vista de Palo Tambor, 2016
Galería Yusto-Giner, Marbella.

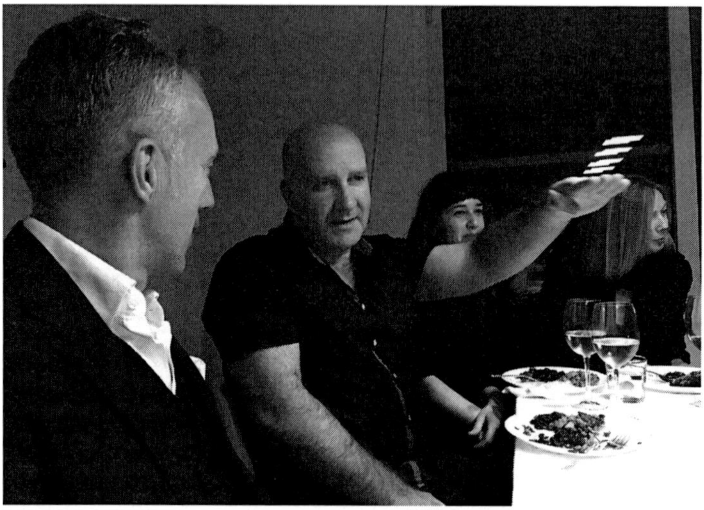

Con Neo Rauch. Marbella, 2014.

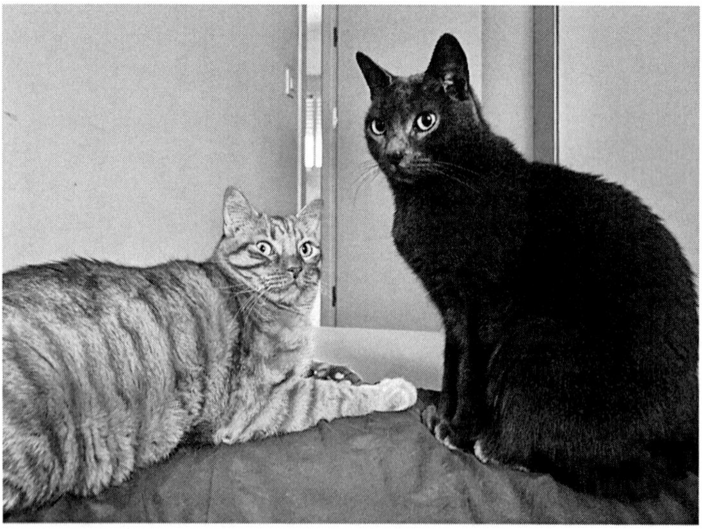

Jimmy y Chica. Sevilla, 2023.

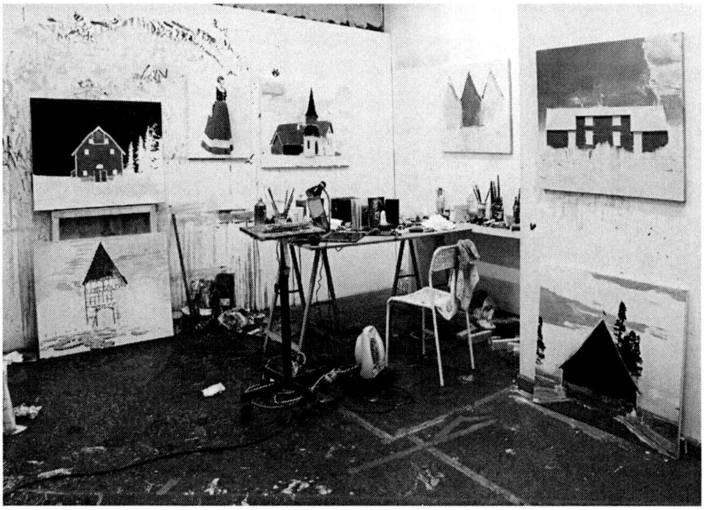

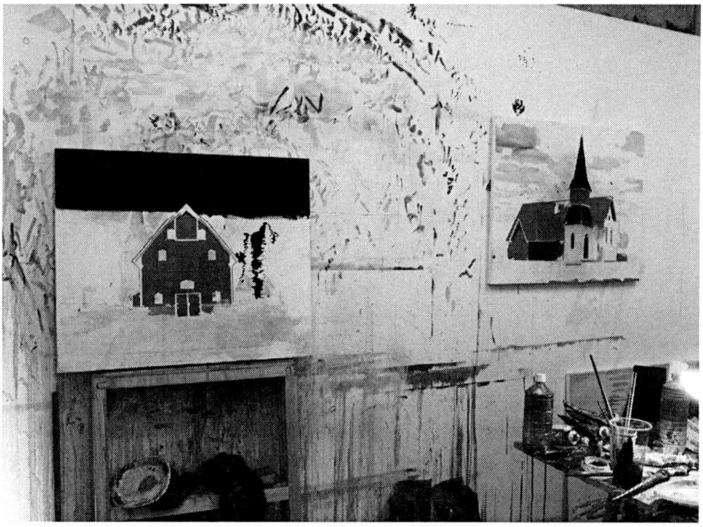

Estudio de Madrid, preparando Escandinavia, 2018.

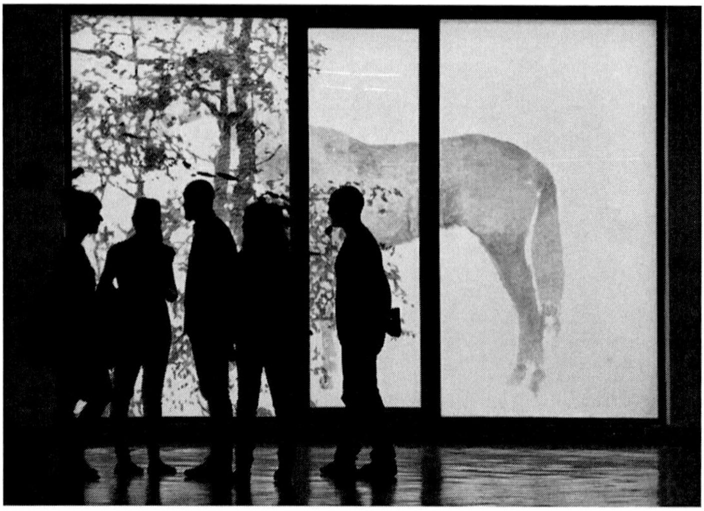

Mural en La Térmica, Málaga, Beca de creación, 2014.

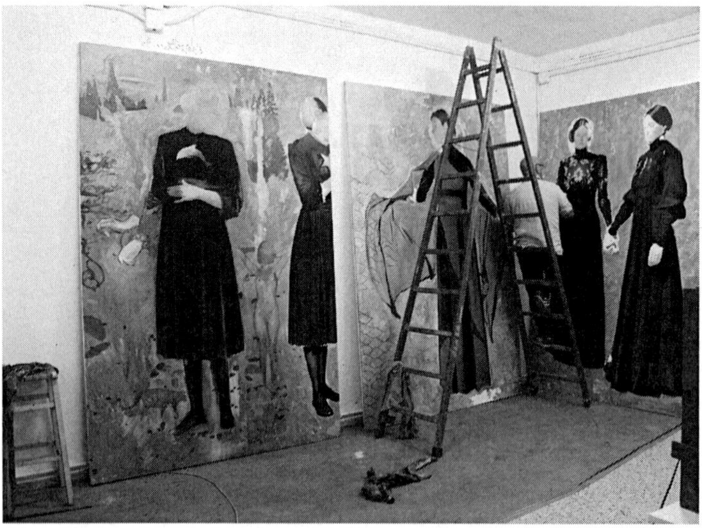

Retocando El Rito. Calle Goles, Sevilla, 2020.

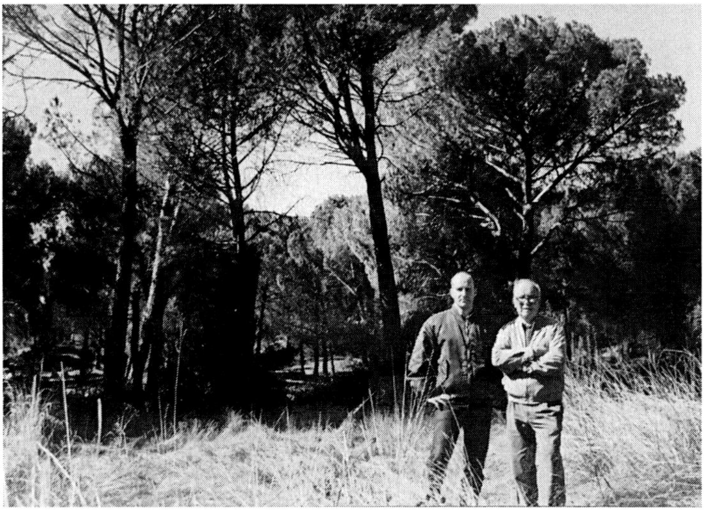

Con mi padre en el Raso Malanoche, Córdoba 1999

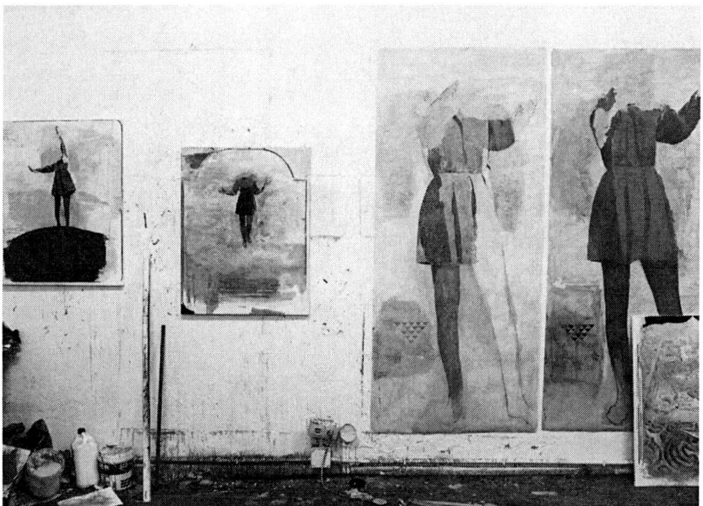

Vista de Azul gaviota en el estudio
Calle Goles, Sevilla 2023

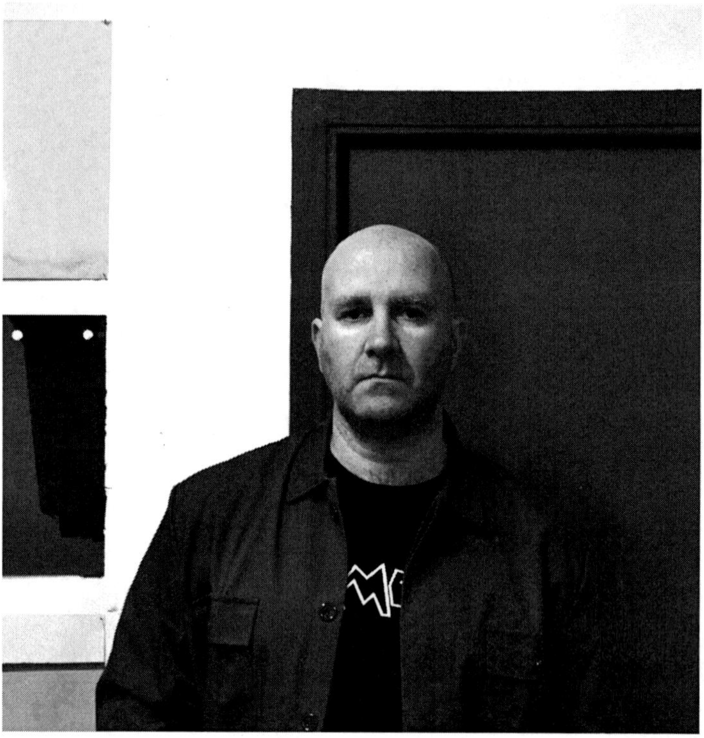

SOBRE EL AUTOR

AUTOBIOGRAFÍA

Me llamo Miguel Gómez Losada, nací en Córdoba el 13 de mayo de 1967. He vivido en Córdoba, Granada, Sevilla, Málaga, Madrid, Barcelona y Lisboa.

Mi abuelo paterno se llamaba Saturnino Manuel Gómez Fernández (Villararto, 1903-Córdoba, 1985), que fue pastor en los campos de Villararto. Tenía tres mastines: Galampo, Marquesa y Conchales. Tocaba la bandurria en un grupo que actuaba por las verbenas de Los Pedroches; y mi abuela Araceli Parejo Rojas (Villanueva de Córdoba, 1910- Cordoba, 1974), de quien recuerdo su sonrisa, cogerme y ver con ella pasar los coches desde los Jardines de Vallellano. Por parte de mi madre están mi abuelo José Losada Osuna (Córdoba, 1905-1952), que fue dependiente en Zafra Polo, y mi abuela Rosa Ruíz Masa (Ojuelos Bajos, 1909-Málaga, 2004), refinados, con la educación cordobesa de no hacerse notar. Vivían en Santa Isabel Nº10, Santa Marina, Córdoba. Era una casa con penumbra íntima de patio interior. Mi madre, Rosa Losada (Córdoba, 1933-2023), fue maestra en Monturque. De ella me viene la sentimentalidad y la inclinación al Norte: venera el verde, los días nublados y los árboles secos. Mi padre, el pintor Marcial Gómez (Hinojosa del Duque, 1930-Córdoba, 2012), compró el *Atlas Aguilar*, que tenía mapas a color por los que viajaba con el dedo. En 1969 se fue de crucero por el Báltico, el Norte de Europa y Rusia, siendo éstas mis primeras nociones del horizonte. De su pintura salió la mía.

Tuve una infancia feliz. De 1972 a 1976 pasábamos los veranos en el chalet que nos hizo el arquitecto Carlos Luca de Tena en la Sierra de Córdoba. Allí aprendí a nadar y a montar en bicicleta. De noche sacábamos el telescopio, lo apoyábamos en la chapa del pozo apuntando por el hueco de los pinos, invocando satélites y ovnis. Mi padre decía: «Si me llevan estad tranquilos, los extraterrestres tienen una inteligencia superior y no me harán daño». De 1976 a 1980 pasamos las vacaciones en Mijas. Me hice amigo de los niños del pueblo, di mi primer beso. Se llamaba Emilia, tenía un lunar. Por las tardes me adentraba en el olivar que había debajo de casa, me fascinaba cuando las chicharras se callaban a mi paso, o ver a los escarabajos escalar, a veces sin éxito, por las cacas de los burros. Algunas noches venían mis titos de visita, que aprovechaba con mis primos Mariano y José Ramón para corretear por la Ermita del Compás. Mi padre nos llevaba a la playa de Carvajal, donde Los Olimpos.

Hasta 8º de EGB estudié en Cervantes (Maristas de Córdoba) y el BUP en La Trinidad. De este instituto quiero nombrar a D. Santiago Reina López, que me despertó la literatura, y al compañero Antonio Castro, «el negro», que traía las cintas que le grababa Eusebio Forston, de Rota, con las novedades Funk. Los veranos de 1985 y 1986 fueron decisivos: *Club Picapiedra* en Carvajal y *Discoteca Pomelo* en Fuengirola; más Funk, modernidad con pantalones de cuadros y tirantes.

Luego Bellas Artes, hice el examen de ingreso en Granada y en Sevilla, aprobé los dos y me fui a Granada porque estaba mi amigo el arqueólogo Ángel Ventura. Compartimos piso en Los Pajaritos. En segundo curso cambié el expediente a Sevilla. Pasé la carrera universitaria sentado en el patio de la facultad, y los fines de semana en la Discoteca Rrio. Ponían Funk y Rap del momento (1989), estaba en la Calle Betis. En el mundo de las bellas artes no había nadie con quien compartir la música negra, tampoco en la modernidad cordobesa.

Saqué el título de socorrista acuático para ganar dinero. En el verano de 1990 me destinaron a la piscina de Obejo. Era la primera vez que vivía solo. En el salón de la casa monté el estudio, pinté bodegones de fruta y el paisaje que veía desde la piscina. Con esta pintura hice en la Casa de la Cultura mi primera individual. Mis amigos en Sevilla eran Antonio Pérez Jiménez y Francis Amat Vargas, almerienses. Estuve en Praga, Budapest (la ciudad de Lajos Zilahy) y Viena, viajes que organizaban Taizé y los salesianos de Córdoba. Suspendí Geometría Descriptiva y Pintura Mural, me licencié con retraso, en 1993.

Volví a Córdoba unas semanas para pensar en el mejor movimiento para mi carrera. La Expo'92 de Sevilla no trajo nada para el arte y la generación de pintores sevillanos que hoy son comunidad aún eran estudiantes. Gané el concurso de pintura Maestro Mateo, me dieron setecientas mil pesetas y me fui a vivir a Madrid. Allí conocí a José Antonio Montano, malagueño, mi primer escritor. Hicimos amistad caminando. De día buscábamos impactos de bala por los muros y de noche a Carbones y a Y´asta. Apurábamos hasta la madrugada para comprar el primer periódico del día en la Puerta del Sol, ahí nos despedíamos. En verano le visitaba en Málaga: de noche veíamos su colección de películas en VHS de ¡Qué grande es el cine!, el programa de José Luis Garci, coloquio incluido. Al día siguiente más rituales, Superchoc de Frigo, vinilos de segunda mano alrededor del Mercado de La Merced y CDs de Jazz en El Corte Inglés. Allí compré los Rare grooves de Blue Note, Lonnie Liston Smith y todo lo que hubiese del sonido Mizell. Por la tarde me bañaba en la Malagueta, José Antonio me esperaba en la terraza de El Navegante. Por la noche a Dr. Funk, una discoteca que había en la calle José Denis Belgrano donde pinchaban las novedades R&B. Recuerdo bordear la Costa del Sol en su coche oyendo cintas de Bossa y Jazz Funk. En mi libro de artista *Cien ojos* (1996) incluí una selección de sus poemas, y luego mi favorito de él: *Proyecto Cero,* en el catálogo de la exposición *Ida.* Si escribo es gracias a José Antonio. Nuestro sitio en Málaga es Tano´s (Huelin), por el picante y la tarta al whisky generosamente bautizada (en su cacerolita de barro).

De 1995 a 2013 estuve pintando en Córdoba, primero compartiendo estudio con mi padre y desde 1996 en mi piso de Ciudad Jardín. En estos años hice amigos: Manolo Garcés, Yonka Zarco, Leo Serrano, Manolo Gutiérrez Peña (Mothership Pradera), Juan

Bolaños, José Antonio Modelo, Maripaz Franco, Alfonso Muñoz, Rafa Sillero, Eduardo Chivite, Ana Zamorano, Rafael Obrero, Pepe Farruqo, Juan Antonio Bernier, Rafael Antúnez, Raúl Alonso, Antonio Lucena, Alberto Miño, Quino Fayos, Pedro Caro y Rosa Lara, Juan Serrano, Josefo Royón, mi primo José Julio Losada, Marina Rodríguez Delgado, Esther Amo, Joaquín García Weil, María Rivas Roldán, Nieves Galiot y Juan Pablo Lucena, que recuerde mientras escribo.

Expuse en la Galería madrileña Pilar Parra dos veces, *Ida* en 1996 y *Fecunda* en 1999. La siguiente fue *Tundra*, en Galería Rayuela, que me llevó a Arco en el año 2000. El curso 2003 lo pasé en Barcelona (mi sherpa fue Pepe Farruqo). Allí expuse con Carme Espinet, pero lo mejor fue andar por las mismas calles que mi padre cuando a final de los 60 se abría paso en la industria textil.

Mi colección de vinilos aumentaba: Funk de los 70 y 80, Rare Grooves de Jazz, y Rap, absorbiendo esa vasta cultura de las portadas y las tipografías. Mi especialidad es el Funk de 1984 y 1985. Estuve 10 años escribiendo artículos para la revista de papel Enlace-Funk, así como pinchando por Andalucía y Madrid. Fui residente desde 1986 en bares de Córdoba como La Buardilla, M30, Single Bar, Dadá o el Jazz Café. Desde 2004 con Salah y David DJ (cuando pinchamos juntos nos llamamos *The Black Evolution)*. Tengo algo de apóstol, una voluntad de contar qué es el Funk, el Soul o el Jazz. Curiosamente, las baladas de los grupos de Funk, formados por hombres, me animaron a expresar la ternura públicamente. El Soul es amor. Esta música fue y sigue siendo un tutorial para la nueva masculinidad. También me siento divulgador de la pintura, comparto mis descubrimientos en redes incesantemente desde la época de Fotolog. Con la música, la lectura y el cine, soy fiel. Cuando me gusta un autor lo venero. Pasé años buscando todos los libros del húngaro Lajos Zilahy; todos los elepés, maxis y singles de Cameo y todos los cómics de Rahan; Devoré las siete películas de Tarkovsky, ídem con las de Bergman y Eric Rohmer, y así todo. Cuando viajo mi prioridad son los mercadillos, tirarme de cabeza al detrito cultural, salir del Tiempo. Con esa misma actitud entro en los museos.

En 2005 organicé en Córdoba con mi amigo el escritor Eduardo Chivite, *Agujas de pino*, un ciclo de lecturas poéticas donde pedíamos a los autores sus imágenes favoritas. Las proyectábamos. El término poético incluía la arqueología, por ejemplo. Abríamos la noche con música en directo. Aquel tinglado llegó a oídos de Rafael Obrero, el nuevo decano del Colegio de Arquitectos de Córdoba, quien me propuso hacer algo similar en su sede. Lo llamamos *El Patio del Colegio*. Rafa me decía que el Colegio debía participar de la calle. Programé artistas para transformar el patio, se leían poemarios, cerrando la noche pinchadiscos de Funk, Rap o Jazz en vinilo, también Break dance. En 2006 exportamos el formato a Vimcorsa, esta vez el programa empezaba por pintar sobre la fachada del edificio, un artista cada estación del año y la misma juerga. Lo llamamos *El jardín de la casa*. Fuimos pioneros en programar así. No diseñé ningún evento que no practicase.

En 2004 comisarié la antológica de mi padre en la Diputación de Córdoba. Entre tres amigos formamos la plataforma civil Qué pasa con la torre, con la que detuvimos la construcción de un rascacielos en el solar del Hotel Meliá Córdoba, a 50 metros de la Judería, que asomaría por encima del casco histórico y de La Mezquita. En 2007 hice un mural efímero en el suelo de la Plaza de Las Tendillas, *Ártica.* En 2008 expuse *La esperanza* en la galería Carmen del Campo, muestra que incluía dos grandes pinturas a modo de fantasía vegetal. En 2009 me trasladé a Sevilla en busca de algún rescoldo de los años universitarios, estuve alojado en una pensión que había en la calle Tintes 19, muy barata porque estaba en obras. Recuerdo el ruido y el polvo de ladrillo sobre la cama.

En 2011 me llamó el arquitecto Arturo Fernández para decirme que le habían encargado la remodelación de la Facultad de Filosofía y Letras de Córdoba, proponiéndome un gran mural para la biblioteca. Lo llamé *Atlas Nocturna.* Dibujé con pincel una celosía vegetal negra, a mano alzada sobre doble vidrio, medía 20 metros de largo con un cuerpo central de 6 metros de alto. El argumento era la luz a través. Mi novia era Raquel Pascual, hoy amiga.

Desde 2005 mantengo una buena relación con las galeristas Maribel y Alejandra Bordoy, de Aba Art, en Palma de Mallorca, donde presenté en 2010 la individual *Visiones de un nuevo mundo/ primeras flores y otras hierbas/ el frio, las estrellas, e*ncargándome a su vez murales para el Ibiza Gran Hotel. En 2011 expuse de nuevo con ellas *Te recuerdo al sol.*

En el invierno de 2013 me fui a Lisboa con Almudena Fernández Ortega, vivimos en Rua Gilberto Rola 45 una luna de miel que dio como fruto las series pictóricas *Cuartel y Sacristía* y *Dos Prazeres*. Después de un breve paso por Córdoba nos fuimos a vivir a Málaga, primero a Calle Parras 22 y más tarde al Edificio Cantabria 66 en la Calle Cuarteles. Ahí adoptamos al gatito Jimmy. Era un quinto piso con dos inmensos balcones, uno de ellos daba a la estación de Renfe, donde se posaban cientos de gaviotas al atardecer. Viajamos a La Coruña, Oslo, Bruselas y París. Estos años pinté las series *Discoteca Pomelo, Una historia rusa, Folk* y *Palo Tambor*, estas tres últimas las expuse en la galería Yusto/Giner de Marbella, donde conocí a Sandra Pedraja, y a través de ella a Sonja Pawlik. Estos tres años en Málaga se suman a mis raíces en la Costa del Sol: Mijas, mi Tita Mari, las discotecas y José Antonio Montano.

En 2016 regresé a Sevilla con Jimmy, compartí estudio con Matías Sánchez, Cristina Lama y Alba Cortés, por donde solían pasar los pintores Juan José Fuentes, Concha Ybarra y Gloria Lomas. Adopté a la gatita Chica (María Cortijo me ayudó en su crianza). Los domingos quedaba con mi amigo Nacho García Filoso, el resto del tiempo libre lo pasé en el desaparecido Bar La Jara, en Calle San Esteban, donde escribí en el móvil una parte importante de este diario.

Empecé a pintar *Romanza*, que expuse en el CAC de Málaga siendo director Fernando Francés, quien apoyó mi carrera en estos años. Abrí campo y decidí volver a Madrid. Alquilé un piso en la Elipa, Calle María Teresa Sáenz de Heredia 22, cerca del estudio, que estaba en Antonio Pirala 19. De aquel taller destaco las conversaciones con Rubén Guerrero, que pintaba al otro lado de la pared; allí terminé *Romanza* y empecé *Escandinavia*; y la llegada providencial de las pintoras Ángela Mena y María Tapia. Cerraba el día con mi diario en el Bar Las Gárgolas, de Isidro. A menudo cenaba en La Panza es Primero, el mejicano de Chueca que me descubriera en su día José Antonio Montano. «Extra de picante por favor» y los margaritas granizados. Solía ir a las inauguraciones de Tres por cuatro, la galería del malagueño Benito Lozano, a por mi dosis de Andalucía. Esos meses quedaba con la pintora Nieves M. Corcoles, también con mi prima Mati Aguilera y su novia Mercedes. Los domingos con mi amigo el pintor Javier Palacios, con quien hice un exorcismo en los jardines de Moncloa: echamos a rodar cuesta abajo una piedra de un metro de diámetro hasta que se detuvo en un arroyo, limpiándonos con este gesto la carbonilla del alma y todo tipo de residuo mental.

En la primavera de 2018 volví a Sevilla con mis dos gatos, estuve pintando en el salón de casa unos meses, luego entré en el estudio La Bañera, en la Calle Imaginero Castillo Lastrucci 6, donde estaban Erika Espinosa, Miguel Núñez y Manuel M. Romero. Ya en 2020 me cambié al estudio actual, en el número 12 de la misma calle, que comparto con Alejandro Ginés, Fernando Clemente, Rubén Guerrero, José Miguel Pereñíguez, Manuel M. Romero e Irene Infantes. Puedo decir que he logrado una familia en Sevilla, por un lado, gracias a mi amiga Chelo Escribano y su academia *Arte-Estudio*, donde doy un taller todo el año: «Acercamiento a la voz propia, qué pintar y cómo». Aquí he conocido a Reyes Folsch. Por otro, Rafa Almarcha de *Siempre Así* y la pintora Ana S. Valderrábanos, que me han abierto su casa; a través de ellos he intimado con los pintores Javier Parrilla y Manuel León. También la pintora y profesora Carmen Andreu (May), que ha sido todos estos años mi contacto en Bellas Artes. El pintor Andrés Aparicio, que fue carpintero, me ayuda en la logística y en el bricolaje. Las sesiones de Carolina Jaén (Chiriba, quiromasaje y osteopatía) han sido fundamentales en los meses posteriores al fallecimiento de mi madre.

Quiero agradecer a las siguientes personas que posaran para las exposiciones Romanza, Escandinavia y España y Portugal: Javier Palacios, Patricia Bueno del Rio, Alba Cortés, Lucía Tello, Rosa Aguilar, Irene Lázaro, Auxi J. Rubio, Mari Fernández Ferrer, Francisco Javier del Moral (Javi de la Belleza), Marisa Aldana Najar, Esther Cordero, Nía Castro y Ana S. Valderrábanos.

14/12/2023

ÍNDICE

La segunda edición de
Diario de pintura
de Miguel Gómez Losada
compuesto con tipos Montserrat en créditos
y portadilla, y Bodoni MT
en el resto de las tripas,
bajo el cuidado de Dani Vera,
se terminó de imprimir
el 8 de marzo de 2024.

LAUS DEO